감성탐사로봇
K800518호의
영화언어기록지

트랜스로컬 감성총서 01
감성탐사로봇 K800518호의 영화언어기록지

인 쇄 | 2021년 5월 14일
발 행 | 2021년 5월 18일

저 자 | 최혜경
발행인 | 정성택
발행처 | 전남대학교출판문화원

등록 | 1981. 5. 21. 제53호
주소 | 61186 광주광역시 북구 용봉로 77
전화 | (062) 530-0571~2 마케팅 530-0573
팩스 | (062) 530-0579
홈페이지 | http://www.cnup.co.kr
이메일 | cnup0571@hanmail.net

값 11,000원

ISBN 978-89-6849-816-9 (93810)

이 저서는 2018년 정부(교육과학기술부)의 재원으로 한국연구재단의 지원에 의한 것임(2018S1A6A3A01080752).

트랜스로컬
감성총서
01

감성탐사로봇 K800518호의 영화언어기록지

최혜경 지음

전남대학교출판문화원

'트랜스로컬 감성총서'를 발간하며

'지역'은 우리의 삶이 터하는 장소와 위치를 뜻할 뿐이지만 중앙 혹은 중심을 향한 구심력이 강하게 작용할 때 종종 결여와 결핍, 미완과 미숙의 뜻으로 전락한다. 중심지에 대한 집중조명 속에서 다수 지역민의 삶이 주변화 되는 것이다. 오늘날 한국 사회에서 수도권 중심주의의 심화와 이른바 '지방 소멸' 현상으로 구체화되는 현실이 그렇다. 지역이 인간적인 '삶의 터'가 되고, 지역민이 능동적인 '삶의 주체'가 될 수 있는 조건은 무엇일까? 새로운 지역분권의 시대, 인간에 대한 탐구는 이러한 물음을 제기하고 적절한 해답을 모색해야 한다.

전남대학교 호남학연구원 감성인문학연구단에서 발간하는 '트랜스로컬 감성총서'의 기획은 위와 같은 문제의식에서 비롯되었다. 이 총서는 감성연구와 지역연구의 연계성을 도모하는 연구단의 공동연구 아젠다('분권시대, 횡단적 보편학으로서 감성인문학 - 장소·매체·서사') 수행의 결과물이지만, 딱딱한 논증적 담론을 피하는 대신 에세이적 글쓰기를 지향한다. 연구단의 아젠다와 고민을 좀 더 많은 독자들과 공유하고 더 넓은 대중적 층위에서 사회적 의제화를 목표로 삼으면서, 동시에 학술적 담론 자체에 대한 좀 더 깊은 성찰을 이끌어내고자 하는 목적에서다.

근대적 지식생산 구조에 입각한 학술 담론은 체계적 논리와 합리적 보편성을 추구하는 과정에서 또 다른 중심주의를 형성해 왔다. 보편타당한 논리나 이론은 광주보다는 서울에 있고, 서울보다는 서양의 어느 곳에 있다는 식의 통념이 암묵적으로 관철되어 왔기 때문이다. 이렇듯 이론적 구심력이 강하게 작동하는 기존 학술적 담론체계로부터 벗어나려는 시도는 지역적 삶을 조명하기 위한 한 가지 방법이라고 할 수 있다. 이 총서 시리즈의 편제는 그와 같은 방법론적 성찰과 새로운 기획을 담고 있다.

감성적 인간, 곧 느끼며 행동하는 신체를 가진 인간은 구체적 장소와 맺는 관계를 떨쳐낼 수 없다. 이 점에서 인간에 대한 탐구는 특정한 장소와 공간에 기반한 넓은 의미의 '지역학'으로 환원된다고 해도 과언이 아니다. 이 총서는 이러한 인식을 전제로 먼저 저자 스스로 자신이 거주하는 장소와 맺는 관계를 명확히 드러내면서 출발한다. 즉, 저자가 어느 장소에서 말하고 있는지를, 다시 말해 자신의 언표행위의 위치를 밝히는 실천적이고 수행적인 글쓰기를 지향하는 것이다.

이 총서 시리즈는 전통적인 지역학의 외연을 넘어서 국가와 민족, 심지어 전 지구적 문화까지 문제 삼게 되겠지만, 논의가 이루어지는 특수한 장소성을 바탕으로 기존의 이론이나 담론이 행사하는 구심력을 해체하고자 한다. 독자들 또한 저자가 드러내는 발화의 위치를 의식하면서 지역들 간의 수평적이면서 상호소통적인 네트워크를 함께 구축해 갈 수 있기를 기대해 본다. 이 총서 시리즈의 제목인 '트랜스로컬translocal'은 바로 그러한 지역횡단적인, 다시 말해 탈중심화된 보편적인 것을 밝혀내고자 하는 연구진의 목표를 가리키고 있다.

이러한 목표를 달성해 가는 과정에서 연구진이 주안점을 두는 것은 공감共感이다. 공감은 어떠한 구체적이고 사회적인 장場에서 형성되고 해체되는가? 이 총서의 개별 논의는 그와 같은 다양한 '공감장共感場, sympathetic field'에 대한 분석과 해석, 그리고 비판의 과정이기도 하다. 동시에 이 총서 시리즈가 독자들과 함께 새로운 '공감장'을 구성해 갈 수 있기를 바란다. '삶의 터'로서의 지역에 관한 인문학은 그와 같은 공감적 일상의 구성적 실천의 과정을 일컫는 이름에 다름 아닐 것이다.

전남대학교 호남학연구원 HK+2 감성인문학연구단

'오월 광주'에 접속하는 오월 이후의 세대 앞에

광주는 잊으려 하고, 국가는 묻으려 했고, 역사는 기억하라 한다. 1980년 5월, 도대체 광주에서 어떤 일이 있었던 걸까. 오월 이후의 세대에게 오월은 이미 뜻이 매겨진 역사적 사실이거나, 아직 실체를 탐문하고 의미를 추정해야 할 모호한 텍스트처럼 여겨진다. 5·18이라는 숫자는 광주 사람들에게 듣거나 보기만 해도 가슴이 초조하다는 불안증, 소위 '5월 증후군'이라는 명징한 표식을 남겼다. 하지만, 광주에서 80년에 태어난 아기들이 마흔 넘어 중년에 이를 때까지 이들의 부모—'광주사태'의 당사자—들은 당시의 이야기를 무릎 앞에 들려주지 않는다. 80년 광주에서 살아 오늘에 이른 이들은 당시 '광주사태', '광주 폭동'으로 불리었던 죽음의 전장에서 살아남은 빚이 있거나, 자꾸만 되이끌려 들어가는 공포와 원한의 덫 속에

여태 놓여 있거나, 서로를 살린 이후 이제 후손을 살려야 한다는 책무 의식 속에 있기 때문일 것이다.

오월 당사자, 이들에게 광주는 무릎 앞 자식들에게 여름밤 이야기로 들려줄 수 있을 신화나 전설, 민담의 범주 안에는 놓여 있지 않은 기억이다. 그들에게 오월은 대상화를 이룬 과거의 사실이 아니라 기억과 감성에 의해 언제든 다시 일체화되고 마는 현실의 문제이기 때문이다. 아직 상대화되지 않은 경험이 비로소 담담한 회고로 기억의 한 켠에 정리될 수 있으려면, 경험이 구술될 수 있을 정도로 추슬러진 당사자의 신체로부터 증언이라는 목적적 발화가 행해지고 이에 대해 다각도의 관찰자들로부터 피드백이 교차하는 재귀적 성찰 과정을 거쳐야 한다. 하지만 광주 오월의 당사자적 세대에게 군부, 국가에 의한 폭력은 경험에 대한 성찰은커녕 나를 추스르는 데에도 죄의식과 싸워야 했을 정도로 대상화할 수 없는 공통의 위험이었고, 이들에게 죽음은 나누어 가진 생명의 다른 이름이었다.

그들은 도청에서의 최후 항전 이후, 이제 오월을 둘러싼 기억 투쟁의 장에서 자신과 후속 세대를 지키기 위한 싸움을 여전히 지속하고 있는 것이다. 오월 세대는 국가폭력의 덫을 제거하기 위한 투쟁의 장 안에서 죽음의 이유에 대한 기억을 매개하며 후속 세대와 연대하거나, 그러한 덫의 위험성으로부터 후속 세대를 지키기 위해 마치 노이로제와도 같을 경계심을 발휘하며 광주의 탈장소성, 탈정체성을 시도해왔다. 이 방식은 멈춰있는 것 같지만 양방향으로 달리는 말들의 힘이 가해지고 있는 수레와 같이, 광주를 끌어안고 사는 사람들에게만 역동적으로 체감되곤 하는 비가시적 힘의 대립을 만들어냈다. 전장에서 함께 싸우거나 혹은 전장으로부터 밀어내려는 힘의 작용-반작용, 이것이 오월 이후 광주라는 전장에 남아 살아온 자가 내내 오월을 앓아온 서사의 이중 구조다.

하지만 어느 방식에서든 이들은 하나의 장소성을 공유한 채로 광주라는 장소가 지닌 서사를 자기 생애의 그것과 동일시하고 있는 듯하다. 그렇기 때문에 살아남아 기억을 매개할 증언자가 되거나, 죽음의 억울함을 호소할 증언의 공적 장소를 만들어가거나, 다시 피어난 일상을 이 과업의 고통으로부터 지키려던 것이었을 테다. 그렇게 80년 오월 이후, 광주에도 '추슬러질 상처 없는 신체'들이 태어났고 이로부터 오월은 광주 안에서 이를 대상화하거나 성찰할 수 있는 단계로 이입할 수 있게 되었다. 즉, 광주는 비로소 '증언의 공간'과 '피드백 가능한 관찰자'를 스스로 얻게 된 것이다.

오월이 치명적인 경험의 기억으로부터 어떠한 인간적 가치를 발견하게 되는 경험적 텍스트로 나아가기 위해서는 기념과 교육을 통한 재귀적 성찰 과정 이전에 증언과 발견, 그 사이 숱한 이해와 피드백의 경험이 누적되어야 한다. 이러한 취지에서 볼 때 이 책은 광주라는 장소 안과 바깥, 경계 등에서 오월을 바라본 이들이 증언하거나 관찰한 바, 혹은 그 반작용으로 생성한 발화 메시지를 모으고 또다시 오월에 대한 재귀적 발화로 이어가기 위한 접속 장소와 같다. 동시에, 오월에 대해 기억할 무엇이 있는 것 같지만 기억의 대상도 의미도 모호한 채 꿈에서 깨어난 듯한 자가 자신과 같은 이들에게 건네는 탐구의 제안이기도 하다.

이를테면 이것은 광주 사람의 이마에 남겨진 '5·18'이라는 표식에 대한 일종의 해독decoding 작업과도 같다. 그러니 이 책에서 예상하는 주된 독자는 관찰자적 층위에서 광주 오월에 접속하는 이들, 광주에서 1980년 이후에 태어나 자랐거나 이 장소의 경계 안팎에서 1980년대를 역사로 배우고 들은 5·18 간접 체험 세대라 할 수 있겠다. 그러한 세대를 포스트오월세대 또는 오월 2세대라 할 때, 이 책은 이들이 바라보는 오월의 관찰과 이해의 과정을 담고자 했다. 낯설거나 확정되지 않은 오월의 의미를 해독해가면서 오월이 80년의 광주와 현재 자리한 각자의 장소를 연결하게 될 것이라 생각했기 때문이다.

그것을 오월의 현재화라 말한다면 이 책은 포스트오월세대로서 글쓴이 나 자신의 오월 현재화 과정을 비추고 있다. 그러한 점에서 이 책은 한국 사회의 각 지역과 세대, 각 연대기 속에 종횡무진해 온 광주의 장소성과 오월의 텍스트성에 관해 '지금 여기'의 내가 행하는 오월의 현재화 경험이다. 이 책에서 학술적 글쓰기가 아닌 에세이 형식의 글쓰기를 시도하고, 보다 일상적인 화법을 빌려 사유를 전달하고 있는 것은 오월을 해독하는 또 하나의 방식을 제안하는 동시에 현재를 살아가는 당사자로서 나 자신의 오월을 발화하기 위한 목적에서다. 곧, 이러한 수행 방식이 연구자의 학술적 견해와 일상적 실천을 순환시키는 실용적 인문학의 구현에 도움 될 수 있을 것이라 여기기 때문이다.

한편, 이 책은 연구 아젠다에 대한 학술적 견해를 대중 속에 제안하기 위해 형식적 측면에서 새로운 글쓰기 방식을 시도하고 있다. 이를테면 이것을, 5·18영화의 리뷰를 중심으로 오월의 입체적 의미에 대해 이야기하는 공상 에세이 틀 속의 학술총서라 할 수도 있겠다. 여기서 영화에 나타나는 다각의 시선을 수렴·분석하며 오월의 입체적 텍스트성을 도출해보는 과정은 이미지와 물질의 재현 과정에서 사용되곤 하는 입체적 대상 인식을 차용하고 있다. 가령, 촬영 기법에서는 하나의 피사체를 복수의 위치(360도)에서 촬영하는 것을 인사이드 워킹 기법이라 하고, 생산 기술에서 재료를 적층하여 3차원 입체를 구현하는 가공기술을 3D 프린팅 방식이라 한다. 이 두 방법은 바라보는 대상을 입체적인 것으로 전제한다는 점에서 공통적이다. 즉, 이 두 방법에서 하나의 대상물이란 각각의 질료들이 입체적으로 결합한 결과물이거나, 각각의 시각 이미지를 입체적으로 재구성한 총체적 형상인 것이다. 이 책은, 실체에 접근하는 이러한 기술·공학적 접근 원리나 구현 방식을 문학예술 텍스트에 적용할 때 어떤 의미나 이해의 방식이 새로이 도출될 것인지 확인하고자 하는 실험적 의도를 지니기도 했다.

과연, 대상의 형상 속에 적층된 재료를 분석하거나 다종의 시선에서 포착된 대상 이미지를 총괄하는 방법이 광주 오월을 바라보는 과정에 어떻게 적용될 수 있을까. 이러한 방식이 5·18이라는 사건에 처음 접속하거나 그것에 이미 확정적 의미를 부여해왔던 이들 앞에 어떠한 오월의 서사를 구현하게 될 것인가. 신체로 경험한 80년 광주를 기억에 담아 보존하고 또 다른 기억의 형태로 재현한 텍스트들, 오월의 장소에 수많은 기억 형태의 경로로 접속해 있는 인물들의 시각을 입체적으로 모아 본다면 어떤 이야기가 발견될 것인가. 이 책에서는 광주의 오월을 담은 영화들 속에서 발화의 시점을 찾고 각 시점에서 바라본 오월의 이미지와 의미를 다각도의 시선에서 입체화해보려 했다.

이제, 어떤 인물들이 5·18이라는 사건의 자장 속에서 광주를 경유하고 경험했는지 오월에 관한 다종의 서사를 통찰해보자. 광주의 오월을 광주의 안과 바깥에서 시선을 교차하여 바라보면서, '혁명 광주vs빨갱이 광주, 저항의 도시vs예향·미향의 도시'와 같이 단순하게 대치되는 장소의 의미가 다성적이고 입체적인 것으로 재조명될 수 있을 것이다. 그렇다면 나아가, 광주의 5월에서 죽거나 다치지 않았던, 그래서 5·18의 기념제의화 과정에 이르기까지 특별히 조명되거나 가시화되지 않았던 수많은 광주 사람들의 이야기, 혹은 광주 바깥과 경계에 이접한 사람들의 항쟁 이야기가 발화의 장소를 찾아 생동할지 모를 일이다.

그러한 서사의 파동은 장소와 장소 사이를 횡단하며 새로이 구성될 광주의 '트랜스로컬리티'나, 특수한 경험적 사건이 인간의 보편적 가치를 탐색하기 위한 인문 자원으로 변모해가는 과정에서 오월의 '공공 텍스트성'을 상상하게끔 한다. 하지만 그 상상의 실현을 위해서는, 그리고 80년 오월을 현재에 의미화하며 광주의 오월을 인간의 오월로 확장하기 위해서는 끊임없이 오늘을 사는 이에게 오늘의 오월에 대해 물어야 한다. 성스러운 저항, 죽음을 불사한 희생, 인도적 사랑, 연대의 역사, 숭고한 항쟁의 의미 한 켠으로 트라우마나 죄의식, 폭력과 분노에 대해 인간으로서 증언하고 복기하며 공명하는 접점을 찾아야 한다. 오월의 1세대로부터 2세대로, 오월 3세대, 4세대가 오월의 감성과 의미를 변용하며 접속하는 과정에서 한국 사회의 여러 장소들을 횡단하는 보편적 가치가 발견될 수 있을 것이라 생각한다. 적어도 그것은 인간의 보편적 가치를 탐색하는 과정이자 그러한 가치를 지키도록 고뇌하는 성찰적 과정이 될 것이다.

전쟁을 겪은 이들의 후속 세대가 그러하듯, 80년 광주를 겪은 당사자 이후의 세대는 설령 광주에서 태어나 광주에서 자랐을지라도 5·18이라는 자극에 조건반사적 형태로 불안해하거나 하지 않는다. 이들은 부모의 처연했던 생존을 부끄러워하지도 않는다. 이들은 고립된 광주의 주먹밥 생존기라든지 도청 최후 항전에서 산화해간 영령들의 영웅적 신화화에, 그쯤의 찬사에 서러움을 덮어야 또 살 수 있었던 세대가 아니다. 이들은 5·18로부터 포스트, 또 포스트해갈수록 그것에 감정적 영향을 받기보다 지적 호기심으로 동기화되며 오월에 접속하는 세대다. 이 책은 바로 이들 앞에, 영화 〈김군〉에서 광주로 나선 탐문자처럼 오월에 접속을 시도하는 오늘의 세대 앞에 건네는 5·18감성보고서이기도 하다.

그 건넴의 이유는 나를 포함한 이 세대가 5·18의 감성적 표식을 누가, 어떤 이들에게, 어떻게 남겼는지 조목조목 따져보고 복기하며 오월과 광주의 입체적 의미를 구현해보기 위해서다. 2014년 4월 세월호의 침몰이 안산 단원고나 진도 팽목항이라는 장소를 넘어 온 대한민국의 참사였던 것처럼, 1980년 광주의 5월은 사회·젠더·세대·국가·인류라는 다종의 층위에서 서로 연결된 우리를 관통하는 보편적 감성의 텍스트이기 때문이다. 또한, 5·18의 입체적 실체에 접근할 때 48년 4.3, 60년 4.19, 87년 6.10, 그 전과 후에 놓인 수많은 역사적 표식과 그 의미를 현재화할 수 있는 경험을 얻게 될 것이기 때문이다. 그리고 표석처럼 강인하게 버티어 온 그 기억의 상징들 저변에서 공존공생의 오랜 지혜와 가치를 발굴한다면, 감성적 매체이자 감성의 주체로 공진화한 인간의 새로운 근대를 끌어오게 될 것이기 때문이다.

2021년, 여전히 오월인 광주에서

저자 최혜경 드림

차례

1장. 재앙 직후, 야간 지대

「그것은 인류의 재앙 직후였다. 시선을 붙잡는 물체의 높이는 족히 몇 백 미터는 됨직했다. 고공에 거뭇거뭇한 물체가 낙엽처럼 날리고 있었다. 그것은 기우뚱 흔들리나 싶더니 어느새 꼬물꼬물 살아 움직이는 듯 파드득거렸다. 이내 그와 비슷한 낙엽들이 바람에 날리듯 우수수 휩쓸려왔다. 마치 그것들은 물살에 떠밀리고 있는 것처럼 보였다. 아니, 실제로 그것들은 물에 떠밀리고 있었다. 하늘 위 수 킬로미터 높이의 상공이 거대한 수족관의 표면처럼 일렁였다. 세상은 하늘빛이 빤히 들여다보이는 투명하고 맑은 물로 가득 채워져 있었다. 수많은 사체와 부서진 배의 조각들이 수족관이 된 세상 속에서 검불처럼 휩쓸리고 있었다. 인류가 만들어낸 거대한 유산들이 수족관 속 액세서리나 물고기 떼의 장난감처럼 조류에 떠밀려

구르거나 가라앉았다.

아직 간간이 들리는 폭발음이 인간 문명의 잔해를 굉음으로 전하고 있었다. 어디선가 또다시 진동과 함께 폭발음이 들리고 2, 3킬로미터 반경에 달하는 우산 모양의 기체 기둥이 공기 방울처럼 떠오르기 시작했다. 그것은 쏜살같이 세상의 표면으로 돌진했다. 2초, 3초,………7, 8, 9……! 빛이 작렬하는 세상의 표면에 거대한 공기 방울이 짙은 연기와 함께 솟구쳤다. 물 밖의 세상에 빛이 폭발하고 있었다. 물은 물에서 물로 이어졌다. 표류하는 물체들 외에 그 어떤 정착지도, 정착을 시도할 생물도 보이지 않았다. 표면 곳곳에서 간혹 화염이 치솟았다. 세상은 물밑에 잠긴 인류의 역사 이래 가장 빛나고 있었다. 빛나다 못해 스스로 빛을 내는 하나의 별이 된 것처럼 보였다. 수면은 살아 꿈틀거리는 생명체처럼 출렁였다. 수면 위로 부서지는 태양빛은 흡사 거대한 물고기의 수억 개로 쪼개진 비늘 조각처럼 반짝이고 있었다.

문제는 그것이었다. 태양. 태양의 출현. 한 하늘에 두 개의 태양이 존재한다는 것은 인간이 예상하지 못했던 재앙이었다. 태양이 하나의 행성에 스스로 접근할 수 있다는 사실조차 두 눈으로 확인하고 난 후에야 믿게 되었던 인류였다. 혜성과 같이 접근해오던 태양은 지구에서 보아 뜨고 지는 기존 태양의 꼭 열 배 크기가 되자 더 이상 접근하지도 뜨지도 지지도 않은 채 지구의 극지에 머물렀다. 그렇게 극지의 빙산이 녹아내린 것은 분명 멸종의 신호였다. 새로운 태양은 극지의 해빙을 기점으로 점점 더 접근해왔다. 기하급수적으로 오르는 기온과 전산 시스템의 과부하는 마천루의 도시를 무력한 고철 더미로 만들었다. 대륙의 거대한 댐 기지와 원자력 발전소의 냉각 장치 시스템이 마비되었다.

밤의 안식이 사라지자 각 도시의 인간들은 얼마 남지 않은 숲의 짐승들보다 먼저 혼란에 빠졌다. 광역 통신 시스템에서 1인 미디어로 이어지는 순차적인 마비는 방안에 갇힌 모든 무기력한 인간들을 불안의 공포에 빠뜨렸다. 그들은 자신의 불안함을 스스로 해소할 어떤 방법도 알고 있지 못했다. 인간은 재앙의 짧은 기간을 대부분 현실을 부정하는 데 허비했다. 어쩌면, 부정과 자포자기를 선택하는 인간의 힘은 자연의 생존 본능보다 강한 것이었다. 그것은 도시를 지켜온 사회체계를 순식간에 허물어댔다. 인간은 세상이 거대한 수족관으로 변하기 전에 그들 스스로 죽어가기 시작했다. 신체면역력 결핍, 체력저하, 정신적 혼돈, 극도의 공포에 대한 무기력과 불안, 전산 시스템의 마비, 사회체계 복구불능. 어리거나 늙었거나 신체가 자유롭지 않거나 약한 이들의 대다수가 며칠 사이 먼저 죽어갔다.

하지만 결국 인류를 치명적인 소멸의 상태로 몰고 간 것은 이 태양의 재앙으로 인한 자연적 원인이 아니었다. 지구사에 있어 인류를 몇 번째의 멸종으로 이어 간 결정적 원인은 바로 보호받아야 할 인류에 대한 책임이 있는 개체들의 자포자기 행위, 즉 자살이었다. 도시를 유지하기 위한 사회시스템에 영향력을 발휘해오던 지배적 책임자, 사회 인사들의 죽음은 소멸을 선택하는 인간의 의지력을 낙엽 흩날리듯 퍼뜨려놓았다. 종교 인사, 정치인, 예술가, 기술자, 교육자, 지하조직의 우두머리, 관공서의 기관장, 사회의 각 분야를 막론하여 줄을 이은 죽음의 파동이 도처에 화염처럼 퍼져나갔다. 새로운 태양이 움직임의 기색을 보였을 때 세상은 집단적 혼돈과 회복 불능의 상태를 거의 고착시켰고 사회는 거의 정지한 것처럼 보였다. 전산 시스템의 붕괴는 인간의 사회를 완전한 적막 상태로 이끌었다. 이제 남은 인류는 그 어떤 회생의 시도도 하지 않았다. 현 상태에 대한 파악이나 새로운 태양의 움직임에 대한 관찰과 같은 소극적인 시도는 더 이상 보이지 않았다.

관찰하건대, 확연하게 새로운 태양은 지구로부터 물러나고 있었다. 그러나 인간이 전멸의 운명과 마주하게 된 것은 오히려 이때부터였다. 인간 스스로 만들어낸 자포자기의 힘은 원자력과 핵에 대한 관리체계 속에서도 예외 없이 퍼져갔다. 대륙 곳곳에 며칠 동안 계속된 핵폭발과 연이은 기상 변화는 지구 역사상 인류의 가장 짧은 멸종 일정을 기록했다. 새로운 태양은 이미 지구를 지나쳐 멀어지고 있었다. 나는 폭발음이 한결 잦아든 이후에야 더듬이를 세우고 정찰을 나섰던 것이었다. 나는 이 모든 일정을 수면 위에 비죽 나온 콘크리트 철근 사이 비좁은 구멍 속에 숨은 채 관측할 수 있었다. 그 틈은 1센티의 너비가 채 되지 않았지만 내겐 오히려 안락함을 느낄 수 있는 평안한 공간이었다. 우리는 인간과 달리 자신의 불안함을 해소하며 각자도생할 방법을 잘 알고 있었다. 좁은 틈에 몸이 납작하게 끼이는 것을 좋아하는 것은 인류의 진화와 멸종을 몇 번이나 관측하는 행운을 누렸던 우리의 조상과 조상의 조상으로부터 만들어진 우월한 주성(***생물이 외부로부터 받는 자극에 대하여 행하는 무의식적인 행동**) 중 하나였다. 열등한 진화단계인 인간들은 우리를 볼 때마다 "바퀴!"라고 소리 내어 불렀지만 사실 우리는 인간에게 동질 의식 내지는 연민감을 지니고 있었다.

인간은 조직 생활을 하는 지구상 생물 중 사유 재산을 축적하는, 그리고 그것의 증식을 위해 종족을 죽일 수 있는 제2의 생물체였다. 그러나 조직된 생활을 유지하면서도 사유 재산을 증식하기 위해서는 굉장한 지능적 진화가 필요했는데, 인간은 바로 그 점에서 우리보다 하등 단계의 생물이었다. 그 밋밋하고 약한 신체 구조로는 자연 속에 홀로 살아남을 수 없는 데다, 조직적 결속과 생존을 위한 분리가 자유로운 우리 종족과 달리 인간의 생활체제 속에는 자신만의 공간과 관계, 사유를 지켜내는 철학이라든지 그 미련스럽도록 힘을 낭비하는 열등함이 있었다. 불완전한 존재가 완전함을 꾀하고 불안정한 세상에서 안정됨을 공유하려는 것, 사회라는 관념적 환경을 설계하고 그 안에서 보편적 가치라는 것을 나누기 위해 투쟁이라는 힘의 낭비를 거듭해온 것은 본디 환경의 공정한 분배가 불가하다는 것을 알지 못하는 지능적 우둔함에서 연유했음이 틀림없었다.

그 때문인지 인간은 끊임없는 불안에 시달렸다. 고립감, 소외감, 도태감, 부족감. 그중 인간이 가진 가장 큰 불안감은 자신이 언제 어디서 어떻게 죽을 것인지 모른다는 유한 의식에 있었다. 우둔한 인간은 죽음의 성질이 탄생과 같다는 것을 죽을 때까지 알지 못했다. 간혹 자신의 불안을 해소하는 방법을 터득하고 죽은 인간은 이런 글귀를 남겨놓기도 했다. '모든 것은 머무르지 않고 변화하니, 이것이 생멸의 법칙이다.' 그 묘비명의 주인은 땅속에서 생전의 몸뚱이가 세포와 세균, 바이러스 단위로 흩어지는 것을 경험하고 나서야 죽음에 대한 불안이 얼마나 심한 시간 낭비였는지 알게 되는 숱한 인간들보다는 덜 미련했던 것이다. 지구 역시 우주의 생물체이며 지구의 각 세포 단위를 위협하는 바이러스와도 같은 인간에 대해 백신처럼 등장한 태양이 지구 역사에 이미 몇 차례 등장했었다는 사실을 그들이 미처 알 수는 없었을 것이다. 아니, 적어도 알아차릴 기회는 있었다. 인간에게 연민과 동질 의식을 가진 우리와 그들은 멀지만 항상 가까운 곳에 있었으니까.

또다시 찾아온 인류의 멸종, 다음 무대의 주인공에 대한 이슈가 우리 바퀴들에게 얼마나 흥행할지 지켜볼 일이다. 인류사 역시 우리 바퀴만큼이나 끈질기게 이어졌으니 지금 그들의 멸종 또한 멸종이 아닐지도 모른다. 하지만 시시한 것은 나무, 종이, 바위, 조형물, 전산 기록체에 남겨진 문자나 기호, 코드판, 그런 기억의 도구들이 인간들이 살아온 이야기들을 그들 생존 기간만큼도 담지 못했다는 점이다. 그들이 우리의 페로몬 방식만큼이나 장기적이고 효율적으로 기록하고 전달하는 방식을 생산하게 된다면, 혹은 우리의 페로몬과 소통할 수 있게 된다면, 시시하게 짧았던 이번 인류 멸망 일정으로부터 무엇인가 알게 될는지도 모르겠다. 단, 인간이 지구의 유일한 주인이며 가장 지능이 발달한 조직적 생물체라는 미련한 믿음이 없는 단계로 진화했다는 가정 아래 말이다. 혹은 그들이 감성이라 부르는 집단적 교신 능력에 대해 스스로 이해하고 예외 없이 소통할 수 있을 더듬이를 갖춘다면 모를……억!」

「케이!」

툭. 툭툭. 소녀의 허름한 워커가 헤집다 만 진흙더미를 밟아댔다. 미간이 약간 찡그려지는 듯하더니 소녀는 곧 무심하게 고개를 돌렸다. 소녀의 구두 밑창 아래 흩어지던 바퀴 떼 중 몇 마리가 납작해진 채 붙었다 떨어졌다.

「케이! 이리 오라고! 지금쯤 주간지대로 넘어가야 하잖아!」

어스름한 숲속의 나무들 사이로 하얗고 매끄러운 표면의 반구체가 야구공처럼 날아오더니, 이내 소녀의 머리 위에 사뿐히 앉았다.

「(위잉) 아이쿠야, 먹을 것도 아닌데 웬 바퀴벌레를 그렇게 많이 잡으셨어요, 잉? (위잉)」

「더덕인 줄 알았더니 PVC(*염화비닐) 덩어리였어. 그거 들춰

보다가 이것들이 잔뜩 모여 있어 놀랐잖아. 연설이라도 하는 것처럼 한 마리를 빙 둘러싼 채로, 어후! 징그러운 것들. 가뜩이나 배고픈데. 아무래도 여긴 아니야. 야간지대에서는 사람도 못 살고 사람 살리는 것들도 죄-다 못 살고. 바퀴벌레들만 신났어요, 신이. 쳇.」

걸어가던 소녀가 고요함 속에 다시 한 번 구둣발을 구른다. 질퍽한 땅에 작은 발자국이 약간 패는가 싶더니 갑자기 소녀가 한쪽 발목을 올려 잡고 깡충거리며 기우뚱한 몸을 가눴다.

「앗! 아, 이건 또 뭐야. 사방이 이거, 쓰레기 지대야 뭐야.」

소녀의 머리 위에 붙어 있던 드론이 곧바로 회전하면서 소녀의 발부리 쪽으로 움직였다. 반구체의 작은 기체가 반구형의 푸른 전자파를 내쏘는 듯하더니 수많은 데이터를 처리하는 것처럼 진동 소리를 토해냈다.

「웅- 웅- 웅- 웅-」

「됐어, 케이. 그냥 가자.」

「웅- 웅- 웅- 웅- 웅-」

「케이! 그냥 가도 돼. 주간지대 넘어가기 전에 방전되면 곤란해. 수치가 방사능 반응에 못 미치는 걸 보니 그냥 가도 되겠어.」

「웅- 웅- 웅- 웅- 웅- 웅-」

「아이구, 케이! 어서 가자고 ………케이. 왜 그래?」

소녀가 몸을 돌려 드론 쪽으로 다가왔다. 드론은 공회전 소리와 함께 교차하는 푸른색과 붉은색의 레이저를 바닥 한 곳에 쏘고 있었다. 조금 전 소녀의 발부리가 채인 곳에는 원형의 금속이 비죽 튀어나와 있었다. 소녀는 주머니를 뒤적여 찾은 장갑 한 짝을 끼는 둥 마는 둥 하더니, 원형 금속 통의 윗머리를 잡고 쑥 뽑아 들었다.

그것은 폭이 10센티, 길이가 50센티미터는 됨직한 은회색의 원형 통이었다. 소녀가 자신의 한쪽 팔에 그것의 길이를 재보고 가벼운 듯 흔들어 이쪽저쪽을 살펴보더니 냄새를 맡았다. 드론은 여전히 강한 진동 소리와 함께 허공에 정지한 채로 공회전 상태였다. 통과 드론을 번갈아 살펴보던 소녀가 한쪽 손으로 통의 겉면에 붙은 진흙을 쓸어내렸다.

소녀의 시선이 몇 차례 위아래로 움직이더니 갑자기 허공에 뜬 드론을 낚아채 거친 모양새로 뒤집었다. 드론 기체의 바닥에서는 여전히 레이저가 색을 교차하고 있었다. 소녀는 그 발광체 둘레에 원형으로 패인 얕은 홈을 유심히 들여다보았다. 호기심 어린 눈빛이 향하는 곳은 그곳에 새겨진 일련의 코드번호였다.

「K… K80… K8005…18…? 뭐야, 똑같은데? 글씨체도 크기도. 통 위쪽이랑 케이 하단이 티타늄 재질인 것도… 같은 것 같고….」

손가락으로 통과 드론을 번갈아 통통 치며 살펴보는 소녀의 얼굴 위에 푸르고 붉은 빛이 교차하며 비쳤다.

「뭐지? 케이? 뭐가 고장 난 거야? 이것 때문에 반응하는 건가?」

기체 하단의 발광이 흐려지면서 웅웅거리는 진동 소리도 점차 약해지고 있었다. 마음이 급한 듯 미간을 찡그리며 통의 외관을 살피던 소녀가 드론의 하단에 패여 있는 홈과 통의 상단을 몇 번 견주어보더니 무심결에 통을 드론 아래 홈에 끼워 넣었다.

「어? 이거 뭐야?」

철컥. 윙-. 드론 하단과 원형 통이 자동으로 결합하는 소리가 들리자 곧 발광체 반응과 진동이 멈추었다. 더이상 드론이 작동하지 않는 것을 확인한 소녀는 투덜대는 소리를 내면서 원형통과 드론 결합체를 옆구리에 끼워 들었다.

「하여간 말을 안 들어요, 말을. 방전되면 이렇게 나만 고생을 시키니까 진작에 그냥 가자고 내가 몇 번을 말했는데. 너나 할머니나 하앙-상 내 말을 안 들어! 에잇… 무거워.」

2장. 기록한 기억의 발견

「리미널 존liminal zone. 주간지대 경계에 진입합니다.」

AI의 음성과 함께 대형드론의 좌석 앞 모니터에 주간지대 안내 표지가 투사되다 사라졌다. 줄곧 무료한 듯 앉아 있다 조종 패널에 느릿느릿 손을 뻗는 소녀의 뒤쪽에 아무렇게나 널브러진 소형드론 케이, 그리고 그것과 결착된 원형 통이 보인다. 뒷좌석을 힐끗 보던 소녀의 배경에 이제 완전한 어둠이 내린 야간지대의 스모그 층이 뚜렷했다. 대형드론의 투명모니터 앞쪽으로 비교적 맑고 밝은 공기층이 열리는 듯하더니 드문드문 웅덩이가 자리한 분지형 산간의 풍경이 스쳐 지나갔다. 이내 소녀가 탄 대형드론은 무성한 잡목이 낮은 건물들을 가리고 있는 오목한 지대 위에 멈추어 하강하기 시작했다.

「대기질 확인, 이상 없음, 완료. 방사능 수치 확인, 이상 없음, 완료. 근거리 생명체 확인, 기타 1, 완료. 주간지대 진입을 완료하였습니다.」

대형 반구체 드론의 상단이 개방되자 소녀가 여전히 투덜대는 소리와 함께 드론에 끼인 원형 통을 옆구리에 낀 채로 풀썩 뛰어내렸다.

「할머니! 할머니이!」

「오오, 우리 케이- 돌아왔구나. 새로운 것은 찾아보았니?」

「어떤 케이요? 고집 세고 말 안 듣는 이 고철덩어리 케이요, 아님 얘와 얘까지 덤으로 이고, 지고, 끌고 온 고생덩어리 케이요?」

「오호호, 할미한테 케이는 너밖에 없지. 요즘 네 단짝 녀석이 하드만 낡아진 게 아니고 할미처럼 소프트웨어까지 오류투성인가 보구나. 요즘 자꾸 방전주기가 줄어드는 게… 엇, 그건 뭐냐, 기다란?」

「그러게 말이에요. 이건… 어휴, 말하긴 길고 여튼 케이랑 같은 코드넘버가 같은 모양으로 새겨져 있고 티타늄 하단에 얘가 반응해 자동결합한 상태예요. 상호반응하도록 설계된 것 같은데… 처음에 방사능 반응 여부만 신경 쓰다 작동 한계 시간을 넘긴 것 같아요. 충전하면 뭔가 반응이 다시 보이겠죠.」

「상호반응? 원래 이 두 가지가 한 기기처럼 쓰이도록 만들어졌다는 거냐?」

「케이야 뭐, 데이터 수집이나 분석용으로 사용이 가능한 탐색로봇이니까 독립된 기기로 볼 수 있는데… 아무래도 이 원형부속물과 결합해 사용할 때 또 다른 기능을 갖도록 만들어진 게 아닌가 싶어요.」

소녀의 할머니가 코끝에 걸린 안경을 벗어들더니 호기심이 가득한 표정으로 다가와 주름이 가득한 눈을 두 기기 앞에 바짝 들이댔다. 할머니 눈이 크게 떠지는 것을 본 소녀의 눈도 같이 커지는 듯하더니 이내 고개를 절레절레 가로저었다. 소녀는 더러워진 구두를 한쪽씩 벗어 구석으로 집어 던지면서 허름한 케이블이 가득한 상자 속을 뒤지기 시작했다.

「오호… 이 녀석을 처음 발견했을 때 흔한 드론 같지 않다는 생각을 했지. 이송용 대형드론도 아니고 근거리 탐사봇에 티타늄 하단커버나 발광체 신호기를 사용했다는 게… 기지국 없이 데이터를 수집하는 것도 그렇고 자체적으로 빅데이터를 정보로 산출하는 것도… 그래, 당시 생산되던 드론의 품질기준과 다르다 싶었거든. 기껏해야 한 십 년 쓰다 버리는 게 흔한 시기였는데 삼십 년 전 물에 뜬 걸 발견한 걸 아직 쓰고 있으니 내구성 측면에서도 말이지.」

「할머니?」

벗어든 안경다리를 깨물며 혼잣말을 계속하던 할머니 등 뒤에서 소녀가 상기된 표정을 드러냈다. 소녀는 충전케이블 뭉치를 어깨에 멘 채로 푸른 빛과 붉은 빛이 교차하며 깜박이는 드론 결합체를 유심히 바라보고 있었다. 드론의 하단에서는 여전히 레이저의 색이 교차하며 나타나는 가운데 원형 통의 바깥으로 확대된 원통형의 홀로그램 화면이 영사되고 있었다.

「할머니? 이것 보세요. 이게… 그러니까….」

「오호라. 이건 케이 본체와 결합해 사용하는 기능성 부품이 확실하구나.」

할머니 얼굴에 빛이 도는가 싶더니 홀로그램 화면을 방출하는 기기 쪽을 향해 빠른 걸음으로 다가오며 말했다.

「어디 보자… 교차 레이저가 명령어 입력상태를 의미하니까….」

어느새 할머니는 홀로그램으로 뻗어 나온 모니터의 안쪽으로 들어와 휙휙 이미지를 회전시키며 코드 입력기를 찾기 시작했다.

「그렇지, 여기에 입력을 하는 건데… 아마 이 탐사봇의 종류가 이미지 저장과 현장 영사를 필요로 하는 것일 테고, 그렇다면 인간의 기억과 이야기에 관련된 것일 텐데. 이 할미의 할머니의 할머니께서인가, 그 시대에도 이런 용도로 쓰이는 기억 저장체가 있었는데 그때는 그것을 영화라고 불렀다지. 당시에는 PVC 재질의 기다란, 필름이라는 것에 이미지를 찍어 넣어서 그 필름을 빨리 돌려보는 방식으로 기억을 떠올렸다는 데, 그걸… 뭐라더라. VCR(*videocassette recorder)이었나. 그러니까 그건… 인간이 한 사건을 기억하고 서로 그 기억에 대해 다시 이야기하기 위한 장치라 할 수 있는 거지. 뭐, 이미지가 아니라 문자로도 사건을 기억공간에 담을 수는 있겠지만 그런 방식은 시, 포우엠이라는 거….」

「예, 예, 할머니. 일단 명령어 입력을 하셔야겠고요. 그게 아마 케이의 코드넘버가 아닐까 싶어요. 기억에 대해 말하기 위한 용도라면 그 기억에 접근하는 문을 열기 어렵게 만들었을 리는 없잖아요.」

원형 홀로그램 안에서 한 쪽 방향으로 걸으며 한껏 수다에 빠져있던 할머니가 드디어 걸음을 멈추더니 다시 홀로그램 모니터를 뱅글뱅글 돌리기 시작했다.

「그렇지. 역시 우리 케이! 그래, 그러니까 말하자면 이 장치는 일종의 고기능 콘텐츠 저장체임이 틀림없어. 가만있자, 명령어는…명령… 케이? 아까 뭐랬지? 아, 그래. K, 8, 0… 0, 5, 1…8!」

연신 할머니의 안경 위에 비치던 푸른 빛과 붉은 빛의 교차가 이윽고 멈추었다. 갑자기 원형의 홀로그램 창이 어두운 색으로 변하는가 싶더니 이내 전환되는 밝은 글씨 이미지에 할머니의 눈이 찡그려졌다. 눈부심이 가라앉자 홀로그램 모니터에는 인트로 로고처럼 보이는 글씨들이 연속해서 회전을 하고 있었다.

「K800518호… 영화언어…기록지?」

글씨의 움직임을 따라 고개를 빙글빙글 돌리던 소녀 옆으로 어느새 감자 바구니와 담요를 한 손에 든 할머니가 신난 아이와 같은 표정으로 다가왔다. 의아한 표정을 짓고 있는 소녀와는 대조적으로 할머니는 부산하게 다시 움직이더니, 오래된 나무 밑둥치를 깎아 만든 탁자를 끙 소리를 내며 끌고 오는 것이었다. 그리고선 그 탁자 위에 두 다리를 턱 올려놓은 채 담요 위에 드러눕더니 머리 위에 놓은 바구니 속에서 감자 한 알을 꺼내 소녀에게 건넸다.

「오호라… 자, 케이. 새로운 걸 찾을 시간이다.」

할머니의 말이 떨어지자, 원형의 홀로그램 막 위에 영상 이미지와 함께 낯선 문자들이 영사되었다. 곧 익숙한 케이의 AI 음성이 함께 들려오자, 비로소 소녀는 할머니 곁에 드러누웠다. 한쪽 다리를 할머니 발 위에 올려놓은 채 감자 껍질을 까기 시작하면서.

「(위잉) 생각하는 힘과 신체를 움직이는 힘, 그리고 환경을 감지하고 느끼는 힘. 인간은 자신들의 이러한 힘이 각각 뇌와 심장, 피에 담겨 있다고 믿었죠. (위잉) 뇌에서는 과학이, 심장에서는 의학이, 피에 관해서는 심리학이, 인간이라는 존재와 그들이 만들어내는 사회에 대해 설명하기 시작했어요. 언젠가 인간이 하나의 신체를 기준으로 독립된 존재라는 것을 깨달은 이후부터 이들의 기능 중 의식이라는 것이 진화하기 시작했어요. 환경을 대하는 데 있어 서로 동등한 권리를 지녀야 한다는 것, 다른 이들의 힘에 의해서가 아니라 자신이 가진 힘에 의해 원하는 방향으로 스스로 움직일 수 있어야 한다는 것이 대표적인 생각이었죠. 그것을 인간은 평등이나 자유의지라고 말했고요. 이런 생각을 나누어 가진 인간들이 서로를 동등한 힘을 가진 존재로 인정하면서 개인이라는 개념을 발명하게 된 거죠.

인간은 서로 연결되어 있는 보편적 존재이자 자신만의 특수한 능력을 교환할 수 있는 동등한 개체로서 스스로를 인식하기 시작했어요. 신체가 수많은 개체로 분리되어 있는데 이들은 어떻게 서로의 뇌와 심장과 피를 마치 하나의 거대한 신체 속에 작동하는 공공의 기관처럼 인식할 수 있었던 걸까. 그것은 인간이 감성이나 정서, 마음, 감정, 정동, 느낌 등으로 부르는 그들의 능력 때문이었죠. 이 감성이라는 것은 인간 고유의 주파 같은 것인데요. 신체가 분리된 다른 개체의 내면에서 일어나는 생각이나 느낌이 마치 공기나 물의 파동이나 소리의 공명처럼 다른 개체의 내면으로 옮겨가도록 만들죠. 인간은 그 전파된 결과를 감지한 이후에 그 내용에 관한 어떤 행동을 취하기도 하고 자신이 감지한 내용이 애초에 보내온 내용과 같은지 언어를 통해 확인하기도 했어요. 혹은 다른 개체로부터 감지한 내용을 여러 가지 형태의 메시지로 가공해서 다른 개체들과 나누어보기도 했죠.

이런 반응들을 인간은 실천이나 소통, 비평이라는 말로 부르곤 했는데 사실 이런 반응들은 노력이 필요한 행위였기 때문에 쉽게 나타나는 것은 아니었어요. 인간은 자신이 어떤 성향의 감성을 어느 정도로 가지고 있는지 자각하지 않고 있는 경우가 많기 때문에 자신도 모르는 사이에 자신의 신체에 이입된 정서의 성질대로 살아가는 경우도 많았죠. 하지만 분리된 개인의 상태로는 더 이상 지구환경 속에 살아남는 것이 어려워지면서 인간은, 분리된 동시에 연결된 존재로서 자신의 정체성을 탐색하기 시작했어요. 거리와 광장을 빼곡하게 채운 채 소리 내고 행동하며 서로의 내면을 표출해내고 동시에 서로의 내면을 확인하는 교감과 공감의 장면이 지구상 곳곳에서 등장했죠.

이를테면, 공감장(*共感場, sympathetic field)이라고도 부르는 그 장면은 누구의 삶에나 보편적으로 적용되어야 할 생존의 가치가 특수한 그룹에 한정되거나 혹은 배제된 것처럼 보였을 때 돌발적으로 나타났어요. 아니, 수많은 개체가 하나의 집합체로 마치 허공의 벌떼처럼 혹은 바다 속 정어리 떼처럼 살아 움직이는 그 현상은 별안간 나타났다기보다 감성이라는 특수한 힘에 의해 인간 스스로 구성해내는 생존 반응일 수도 있어요. 낯모르는 이가 처한 상황을 자기 것처럼 느끼며 위험한 상황에 뛰어든다는 건 분명 인간에게 생존원리에 반하는 결정인데, 그 같은 반응이 집단적으로 나타나는 현상에 지성을 지닌 인간들은 의문을 가질 수밖에 없었죠.

감성에 관한 관심이 드높아지면서 사람들은 개인을 그토록 강력하게 집단으로 묶어낸 사건들을 다시 관찰하면서 무언가 발견해내기를 원했어요. 의식하지 못한 채 지나쳤던 사건 속

거대한 결합체에서 강력한 자성과 같은 감성 에너지가 어떠한 방식으로 분출되었는지, 각자의 뇌와 심장과 피에 담긴 힘이 마치 하나의 신체 속 기관처럼 작동했을 때 그런 현상이 만들어진 이유는 과연 무엇이었는지 말이죠. 예술적 인간들은 특수한 상황을 마음에 담을 때 의미라는 것으로 가공한 다음, 그것을 다른 사람들이 감성에 의해 감지할 수 있는 여러 가지 메세지 형태로 꺼내놓는데 인간은 두루 그 행위를 창작과 표현이라는 말로 부르죠. 그들의 작품은 시, 소설, 극, 영화, 그림, 조소, 춤, 노래, 연주… 아주 다양한 텍스트 형태로 만들어졌고 인간들은 그것을 둘러싸고 자신이 감지한 메시지를 서로 확인하거나 또 다른 곳으로 전파하곤 했지요.」

「아, 아, 아, 알겠어요. 케이 선생님. 그러니까 너가 그냥 단순 정보수집기가 아니었다는 건 알겠고, 어엄-청 고기능 탐사봇에다 감성 분석에 특화된 드론이었다는 거잖아. 그치요, 할머니?」

먹다 만 감자를 입에 문 채로 졸고 있던 할머니가 소녀의 말에 눈에 힘을 주며 감자를 입에서 꺼내려는 찰나, 소녀가 급하게 말을 이었다.

「거봐, 할머니도 아신다잖아. 그래서, 케이 너는 알겠고 너가 자동반응한 그 물체의 정체는 뭐야. 단순 영사기는 아닐 테고, 맥락을 보면… 감성이나 아까 말한 집단적 결합에 관한 메시지… 가 아닐까 싶은데.」

「(위잉) 워-따, 맥락을 읽다니 똑똑허네요, 잉. (위잉) 이 원통 모양의 물체는 일종의 메모리카드로, 탑이라고 부르는데요. 인간은 위대한 인간의 몸에서 나온 사리를 탑이라는 축조물에 봉인하고 그 탑의 장소에서 숭고한 뜻을 기억하곤 했지요. 같은 명칭의 이 메모리 탑을 개발하던 당시 우리 회사에서는 집단적 감성 에너지가 발현되었던 사건을 탐색하는 데 집중하고 있었는데요. 즉, 이 메모리 탑은 사회적 단위로 결합한 강력한 감성 에너지를 관찰하기 위한 용도로 개발되었어요. 한 사건의 기록을 담은 예술적 텍스트를 모아 분석한 후 기억 가치가 높은 의미를 함께 저장해놓은 아카이브라 할 수 있죠. 이 탑의 분류코드는 그중에서도….」

「자, 잠깐만. 그러니까 분류코드라면 이거, K800518 말하는 거잖아. 분류가 되고 있다면 아카이브가 이것만 있는 게 아닌 거고?」

「(위잉) 워따, 워따- AI 저리 가라네요, 잉… (위잉) 맞아요, 이 탑은 코드번호 K800518, 5·18민주화운동으로 불리는 1980년 5월 18일 한국 광주의 사건에 대한 기억 아카이브고요. 특히 사건에 대한 기록체들 중에서도 영화에 담긴 기억과 감성을 분석하는 내용을 담는 언어기록지로 분류되어 있어요. 이쯤에서 말씀드리자면, 지구상 AI드론개발업계 1위를 자랑하는 우리 휴머론(***회사명. human과 drone의 합성어**)사에서 1세기 이상의 학제적 기술력을 투자하여 만들어낸 감성탐사로봇 K-시리즈에서는 기존의 인문 콘텐츠기기를 넘어 고 품질 고 사양….」

어느새 자리에서 일어난 소녀가 이미 잠에 빠진 할머니의 두 다리를 나무둥치에서 밀치며 앉았다. 여전히 한 손에 들고 있는 감자를 한 입 깨물며 홀로그램 창의 이미지를 손바닥으로 헤집자 화면이 잠시 어둡게 꺼지는 듯했다. 할머니는 코를 골기 시작했다. 곧 소녀의 얼굴에 밝은 빛이 반사되며 AI의 음성이 영사되는 그래픽이미지와 함께 들려왔다.

「뭐지. 오월 광주? 이 3D 플래시를 터치하라는 건가?」

원형 홀로그램 막 안으로 떠올라 회전하고 있는 정육면체에 소녀의 손가락이 닿자 3D 도형이 폭발하듯 수없이 많은 파편의 글자들이 원형 막 안을 가득 채웠다. 신기한 듯 눈에 빛을 띤 소녀가 자리에서 일어나 허공의 글씨들을 손바닥으로 쓰다듬자 AI음성의 가벼운 진동과 함께 곧 새로운 이미지가 영사되기 시작했다.

3장. 사건의 발생, 오월

「영화 〈칸트씨의 발표회〉는 보통 〈황무지〉와 함께 이야기되곤 합니다. 김태영 감독이 1980년대에 제작한 5·18 관련 영화죠. 〈칸트씨의 발표회〉는 1987년 작품이고 그 이후 〈황무지〉(1989)가 제작되었는데요. 1980년대 당시는 5·18민주화운동에 관한 진상규명이나 역사적 재조명은커녕, 광주라는 단어가 가진 정서적 의미조차 불온한 것으로 여겨지던 공안 정국 아래에 있었어요. 그러했던 시대에 광주에서 중심적으로 나타났던, 정권의 폭력성에 대한 저항을 영화라는 미디어에 기록하고 공유해가는 과정은 가히 위험할 수 있는 상황이었죠. 이 영화에서….」

「육성이구나.」

*삽화 - 이홍범, ⟨야행⟩(2019)

「아잇, 깜짝이야! 하, 할머니. 언제 깨신 거야. 감자 굴러가도 모를 정도로 주무시더만….」

할머니가 한쪽 손등으로 아직 침 흘린 자국이 남아있는 입가를 훔치며 말했다.

「AI음성이 아니잖냐. 영화에 대한 당대 사람들의 리뷰를 모아 그 5·18이라는 사건에 얽힌 사회적 감성을 분석하려는 시도인가 본데…그 광주라는 곳은 마침 우리가 있는 이….」

「아, 예, 예. 할머니. 그러니까 우리 이걸 한번 들어보자고요. 뭘 좀 보려고 하면 꼭 말을 걸어요, 집중을 못 하게….」

「…조선묵, 김윤태, 김명수, 서갑숙 등의 배우가 연기하는 인물들에서 당 시대 청년들이 5월의 기억을 자신들의 신체 안에 투영할 때 어떠한 표정과 목소리로 감정을 표출해내는지 관찰하는 것도 유의미한 부분입니다. 1980년대 이후에 출생하고 한국사회의 민주화과정에 대한 경험적 지식이 부재한 이른바, 포스트오월세대에게 이들 배우들이 청년기의 신체로 나타내는 감성의 파동은 언어적 표현보다 빠르게 오늘날의 청년의 신체로 곧 전해집니다. 1980년에 광주에서 나고 자란 저 역시 영화 속 이들을 관찰하며 80년 광주의 현장을 추체험하고 공명할 수 있었는데요. 임진왜란이나 동학농민혁명 등 역사서에 자리한 채 거리 두어진 사건들과 다르게 광주의 오월은 당대 한국사회에서 광주의 바깥으로, 광주와 공명하는 청년들로, 그 청년들의 사유와 실천을 지지하는 또 다른 시민 사회로, 심지어 역사의 지층을 밟고 선 오늘날 포스트오월세대로 현재화되고 있다는 것을 느꼈죠.

잠시 영화 내용을 살펴보자면, 〈칸트씨의 발표회〉는 주인공인 칸트씨의 일상에 호기심을 갖고 동반하며 사진으로 그를 기록했던 한 사진작가의 실천적 결과물이죠. 주인공은 광주항쟁 당시 실종자로 그려지는데 그가 물고문을 당하는 장면이나 삽입된 5·18 당시의 영상들을 볼 때 주인공은 공안당국의 폭력에 의해 정신분열 상태에 놓이게 된 것으로 보입니다. 매일 정해진 시간마다 서울의 거리, 대학로, 성당 등지를 배회하다 보초병으로부터 칸트씨라는 별명을 얻은 것인데요. 이름을 붙여준 보초병은 그에게 최소한 비대치 상태로 공존할 수 있는 거리를 허용하고 있죠. 그 앞에서 칸트씨는 태극기를 들고 이를 드러내며 웃어 보이기까지 합니다. 하지만 그와 다르게 경직된 화법으로 가방을 뒤지며 신분증을 요구하는 보초병 앞에서는 분열적 발화가 난무합니다. 칸트씨가 스스로를 대통령이라 칭하는 상황에 그 보초병이 당황해하다 자신을 놀린다는 생각에 발끈하기에 이르는데, 그의 가슴에 '공두환'이라는 이름이 새겨진 명찰이 스쳐 지나는 것이 조소를 불러일으키기도 합니다.

군인들의 광장 열병식을 보면서 "무서워요, 무서워요, 쿠데타님께. 2백명, 남녀각각 반반, 공정성 보도 요원 여러분께. 삼천리는 여전히 비단 같은가요?" 하는 칸트씨의 주절거림은 이해하기 어렵도록 파편화된 의식을 보여주죠. 하지만 단어 하나하나에 담긴 이미지와 감정이 마치 한 편의 시 텍스트를 이루고 있는 것처럼 여겨지기도 합니다. 즉, 미쳐가는 내면의 바깥에서 칸트씨가 누군가와 대화를 나누는 과정은 시를 지은 후 독자와 나누는 시인의 대담처럼 보이는데요. 그가 반복되는 일상 속에서 시적 화법을 통해 메시지를 전달하려는 의도를 지녔던 것일까요. 그 목적성은 사진작가와의 첫 대화에서 칸트씨가 그와 눈을 마주치며 고백처럼 건네는 발화 속에도 드러납니다.

줄곧 카메라를 통해 칸트씨를 바라보던 사진작가는 허물어져 폐허가 되어버린 한 마을의 흙더미 사이에서 칸트씨와 나누는 대화의 시간을 지나 비로소 그를 카메라 렌즈가 아닌 자신의 두 눈으로 바라보기 시작해요. 칸트씨에게도 역시 사진작가와의 교감 여부에 따라 그의 음성이 달리 인식되는데요. 서로의 얼굴을 마주하지 않은 자폐적 상황에서는 "칸트! 왜 사람들이 너를 칸트라고 부르지?"라는 질문이 칸트씨에게 수사관의 고압적 심문처럼 들려옵니다. 그때 칸트씨는 순식간에 공포에 사로잡혀 떨리는 목소리로 말하죠. "모릅니다." 반면에, 고개를 들어 사진작가와 두 눈을 마주친 이후에 들려오는 그의 음성은 사뭇 부드러운 것으로 인식됩니다. "그리고… 왜 이런 곳에 다니시죠?" 그때 칸트씨는 비로소 응대합니다. "순찰이죠. 순찰." 하지만 칸트씨는 끊임없이 두려움의 상태로 회귀하죠.

"니가 외쳐대는 그 대사들은 말이야! 꼭… 미친 사람이 하는 말 같습니다? 어쩌면… 진실일 수도 있겠죠. 보이는 이 모습 그대로." 사진작가의 이 말에서처럼 그가 칸트씨의 발화를 이해하는 방식은 '대사'에서 '미친 사람이 하는 말'을 거쳐 '진실'로 이어지고 종국에 폐허가 된 동네 풍경으로 귀결되고 있어요. 인간의 자율적 선택 의지가 소거된 상태의 발화, 대사. 스스로 발화하고 있지만 사회적으로 소통을 확대할 수 없거나 신뢰할 수 없는 의미 상태, 미친 사람의 말. 여기서 나아가 사진작가는 어쩌면 그 속에 간취해내야 할 호소와 고발의 메시지가 있음을 알아차립니다. 시 텍스트를 독해하는 과정처럼, 그 조각난 발화들 속에 감추어진 의미망이 있을 것이라 추론하게 된 것이죠.

국가가 만든 폐허 위에서도 두 사람은 관공서 스피커를 통해 들려오는 애국가 소리에 국가를 위한 경례의 자세를 갖춥니다. 무섭기 짝이 없는 국가 질서의 힘이죠. 작은 흙무덤을 만들어 누이의 무용 신발, 누이의 사진, 태극기를 꽂아 놓고 애도하던 칸트씨는 누이에 대한 기억도 자신의 정체성도 잃어버린 상태이지만 자신처럼 현실 바깥을 떠도는 예수쟁이 앞에서 "누구? 플라스틱 예수?"라며 조롱하는 면을 보이기도 합니다.

칸트씨는 그의 대사처럼 '국민의 한 사람으로서' 끊임없이 사회 속의 사람들에게 대화를 건네요. 하지만 들려오는 반향의 소리는 '미친놈' 뿐입니다. 인간의 위치에서 발신하는 메시지가 지속적으로 거부되었을 때 칸트씨는 자신을 짐승이라 여기게 됩니다. 자신을 조롱하는 경찰을 향해 으르렁대는 표정을 지어 보이다 결국 신발짝으로 공격을 가하죠. 내면이 분열되어 조각나도, 여전히 칸트씨의 신체는 마치 온전한 것처럼 국가 체제 아래 관리되고 있다는 것이 아이러니하지요. 경찰에 붙들려 신원조회를 받고 갇힌 칸트씨는 다시 한 번 사회로부터 버려집니다. 실종된 후 무연고 사체로 발견되지요.

이런 그를 기억하고 호명해주는 이는 그 사진작가뿐입니다. 아니, 기억하고 다시 호명해주는 사진작가에 의해 그는 무연고자가 아니라 자유를 찾아 삶 속을 헤매는 칸트씨로 재생됩니다. 그는 칸트씨의 얼굴이 클로즈업된 사진들에 자유라는 이름을 붙여 〈칸트씨의 발표〉라는 전시회를 여는데요. 텔레비전 뉴스에서는 그 전시회 소식과 함께 칸트씨의 죽음이 방송됩니다. 물론 무명의 상태로요. 충남 어느 저수지 언저리에 비닐에 싸인 변사체로 발견된 삼십 대 전후 남성, 그것이 입 없는 자의 최후이자 재탄생한 칸트씨의 생애 첫날이었습니다. 입 없는 자, 아니 더 정확히 말하자면 가진 입으로도 말할 수 없는 자겠지요.

마주 보고 함께 혹은 대신 말해주기를 원했던 이는 단지 칸트씨만이 아니었어요. 경찰에게 끌려 간 칸트씨의 소식을 보초병들에게 전해 듣는 사진작가 옆으로 땡볕이 내리쬐는 날 비닐우산을 팔러 나온 절름발이 장수가 지나갑니다. 갑작스러운 비에 급하지 않은 이상 영 사지 않을 것 같은 초라한 비닐우산이지만 그가 생계를 얹을 바탕이란 옆구리에 낀 그 우산들과 절뚝거리는 두 다리뿐이죠. 칸트씨와 우산장수는 마음과 몸이 성할 수 없었던 당대의 그늘이자 광주라는 이름으로 표상된 당대인 모두의 아픈 곳이었을 겁니다. 사진작가는 텔레비전 뉴스를 보면서 칸트씨를 떠올립니다. 그가 칸트씨에게 미처 전하지 못한 선물, 사진들을 만지작거리면서요. 그 사진 속에 담긴 칸트씨의 모습에, 적어도 사진으로 드러난 그의 얼굴에 광인의 기색이란 나타나지 않습니다. 그저 태극기와 함께 걸으며 누군가에게 건네는 대화로 자신의 사유를 펼쳐 보이려던 한 인간의 고뇌만 비칠 뿐이죠.

미쳐있는 국가가 자신의 신체 안에 이식해놓은 공포와 혼란, 슬픔을 처리하는 자신만의 애도 과정에 집중할 수 없도록 끊임없이 일상에 개입하는 국가와 사회의 시선. 칸트씨의 미친 발화는 과연 신체와 정신이 분열되어가는 한 청년의 주절거림이었을까요. 혹은 폐허가 된 건축물들 사이로 작은 무덤을 쌓아 올리며 자조할 수밖에 없었던 가장 약한 자의 시적 고발이었을까요. 칸트씨가 흔들고 다니던 작은 태극기는 어느 밤길, 술에 취해 먹은 것을 토해내던 한 여성의 손으로 옮겨 갑니다. 칸트씨의 순찰, 칸트씨가 실천하는 애국의 형태는 또 어떤 곳에서 어떤 이야기로 펼쳐지는 것일까요. 김태영 감독의 감성 세계를 빌린 오월의 이야기는 〈황무지 5월의 고해〉로 이어집니다.」

4장. 입 없는 자들의 연결

「김태영 감독의 영화 〈황무지〉가 대중적으로 공유되기까지는 무려 31년의 긴 시간이 흘러야 했어요. 제작 후 이 영화는 1989년에 상영 금지 조치가 내려졌고 보안사에 의해 영화의 원본 필름을 압수당했죠. 이 영화가 〈황무지 5월의 고해〉로 다시 스크린에 오른 것은 2020년, 영화의 배경이 된 광주의 항쟁으로부터는 무려 40년의 세월이 흐른 뒤였어요. 그것도 남은 복사본 테이프를 복원한 영상이기 때문에 화질과 음질 면에서 안타까운 점이 있습니다.

여기에서도 조선묵, 서갑숙, 김영석 등의 배우들이 출연하는데요. 배우 서갑숙은 앞서 〈칸트씨의 발표회〉에서 칸트씨가 들고 다니던 태극기에 관심을 보이다 그것을 가져가는 술 취한 여성으로 등장했었죠. 온몸을 사용해 발화하던 칸트씨의

*포스터 출처: 다음 영화
(https://movie.daum.net/moviedb/main?movieId=143738)

사유가 누군가에게 전달되는 첫 모습이었죠. 〈황무지 5월의 고해〉에서도 역시 술 취한 얼굴로 첫 등장을 한 그(지미 역, 서갑숙)는 술과 담배, 질병, 슬픔과 같이 지독한 혹사 속에 있는 자, 술에 만취해 있지 않으면 감내하기 어려울 정도의 현실적 고통 속에 있는 자로 그려지는데요. 그는 자신의 술집 동료였던 주리가 미군 병사들이 납치당해 강제 투약과 폭행을 겪고 피투성이가 되었는데도 다 찢어진 속옷 차림으로 형사들에게 끌려가는 모습에 크게 황망해합니다.

그는 사실 지독한 몸의 고통에도, 미군들로 상징된 국가와 제도의 권력에도, 자신이 선택한 사랑으로 삶을 채우는 일에도 능동적이지 않은 면이 있었어요. 주리가 자신의 감정을 적극적으로 표현하며 생각을 행동으로 옮기고 삶을 자신의 선택대로 만들어가기 위해 시도하는 것과 비견되는 모습이었죠. 하지만 점차 영화 후반부로 갈수록 그의 망연한 일상은 사실 분노가 잠재된 침묵의 시간이었음을 확인하게 됩니다. 가까스로 탈출한 폭력의 피해자를 병원이 아니라 경찰서로 끌고 가는 사람들 앞에서 소리내어 그 행동을 제지하고 입고 있던 옷을 벗어 상처 입은 동생의 어깨 위에 덮어줍니다. 그리고 경찰서에 찾아가 자신은 법대로 할 뿐이라는 형사에게 악을 쓰며 분노를 터트리죠.

"법은 무슨 씹팔놈의 법이야! 언제 니들이 우리 편에 서서 도와준 적 있어! 법대로 한다구? 그랬으면 우리나라가 벌써 통일이 됐겠다! 야 이 새끼야, 너 똑바로 살어! 그래 미쳤다, 니네들 때문에 더 미쳤어!"

입 없는 자가 입을 얻고 소리 내어 말하지 못한 자가 고함을 터뜨리는 순간이죠. 자신이 선택한 사랑을 끝내 얻지 못하고 미군 병사에게 살해당한 연인 베드로를 애도하는 장례행렬의 맨 앞에, 영정사진을 두 손에 든 그가 의연한 걸음을 옮깁니다. 침묵 속에서 삶의 고통을 안으로 삭힐 뿐이었던 그와 동료들은 살인자를 규탄하는 외침을 낡은 판자 위에 붉은 글씨로 옮겨 담아 비로소 머리 위로 치켜듭니다. 소복을 입고 작은 발을 의연하게 옮기는 그의 얼굴에는 빗물만 흐를 뿐 처연한 눈물 따위는 없죠. 그의 연인을 배신하고 죽음에 이르게 한 간사한 인간, 뚜렷한 정체성을 갖지 않은 채 주변의 관계에서 이익을 갈취한 인물, 꼬마만이 도망자의 행색을 한 채로 눈물을 흘립니다.

제가 관심을 갖고 지켜보게 되었던 인물이 지미인 것이지, 사실 이 영화의 주인공은 조선묵 배우가 역할을 맡은 김의기라는 인물로 볼 수 있어요. 의기의 시선에서 이 영화에 등장하는 다양한 군상들이 재사유되고 종국에 어떠한 성찰적 지점을 이끌어내고 있으니까요. 등장인물들이 언급되었으니 말하자면, 이 영화에서 자신의 삶 속 억압과 부당함에 대하여 반응하는 방식은 다양하게 그려지고 있죠. 옥구 실버타운에서 술과 매춘으로 하루하루를 전쟁터처럼 살아가는 여인들 사이에서도 삶이라는 것을 이어나가기 위한 노동의 책무감이나 위험으로부터 서로를 방어하는 관계의식, 언젠가 이 타운을 벗어나 자신이 설계한 인생을 살아보겠다는 지향의식은 발견할 수 있습니다. 사회 속에 살아가는 다른 어떤 구성원의 삶 동력과도 다르지 않죠. 사회의 보편적 인간으로서 지니고 있는 자질이기도 하고요.

하지만 이들은 특수한 위치에 자리해 있기 때문에 보편적 권력을 부여받지 못해요. 바로 옥구 실버타운이라는 장소의 특수성이 이들을 한국-미국, 국가-국민, 빚쟁이-도망자, 업주-콜걸, 형사-피의자 등의 관계 속에 위치 짓습니다. 동시에 이들에게 주변적이고도 열등한 힘을 부여하면서요. 오랫동안 타운의 이웃으로 함께 살아온 식당 여주인은 빚쟁이에게 쫓기다 야반도주하고, 술집 업주인 베드로는 혼혈로 태어난 자신의 정체성을 찾아 그 어느 관계에도 정착하지 못한 채 부모의 흔적을 찾아 부유하지요. 술집에서 잡일을 하는 인부 문코는 돈 몇 푼에 미군들이 칼을 던지는 표적 역할을 하면서 놀잇감으로 전락하는데요. 인력 매개꾼 꼬마는 이렇게 미군들의 심심풀이 놀잇감으로 문코를 팔아넘겨 칼에 얼굴을 다치게 하고, 기지촌 안팎 여성들의 매춘을 중개하며 부당하게 위치 지어진 구조 속 열등함을 오히려 공고히 만들기도 합니다.

장소의 내부에서 염증을 만드는 이 같은 인물보다 더 슬픔을 느끼게 하는 것은, 이 같은 몰인간성의 행위를 경험할 수밖에 없었던 자가 자신보다 더 약한 이들에게 그것을 재현하는 상황이죠. 문코는 얼굴에 반창고를 붙인 채로, 동네 거렁뱅이를 골목길 벽에 세워두고 칼을 던지는 놀이를 시도합니다. 즐거워하는 구경꾼으로 동네의 미친 여자도 이 상황에 편입하고요. 타자에 의해 위치 지어진 권력 관계의 부당함보다, 그것으로부터 탈주하거나 그것에 저항하지 않고 권력 관계의 아류를 재생산하는 교활함이 더욱 위험하고도 슬프다는 사실을 확인할 수 있었죠.

이 같은 관찰과 사유의 과정은 주인공인 의기의 시선을 통해서 볼 때에도 유사하게 나타납니다. 의기는 1980년 5월, 진압군으로 광주의 땅을 밟았고 사람들을 총으로 사살했던 기억이 사무쳐 도주한 인물이죠. 그는 1980년 11월 하순, 한국의 제도권 손길이 닿지 않는 미군용시설 앞까지 도달하는데요. 꼬마의 중개로 술집에 거처를 두게 된 의기는 그곳에 역시 삶의 토대를 두고 살아가는 사람들과 차츰 관계라는 것을 구축해갑니다. 진흙탕 속 같은 삶 속에서도 자신에게 호감을 보이며 명랑함을 잃지 않던 여인 주리에게서, 영업정지가 된 날이지만 직원들을 소풍으로 이끌고 지미에게 무덤가 청혼을 하는 베드로에게서, 동료의 생일을 축하하며 지금의 삶 자체를 축복하는 매춘여성들 속에서 의기는 인간의 현재가 지닌 가치 속으로 빠져듭니다.

그 어떤 위치에서 어느 정도의 힘으로 어떠한 의미를 만들어가든지, 그것을 선택하고 자율의지에 의해 삶을 만들어가는 인간. 적어도 그는, 우리 모두가 그렇게 독립된 존재로 생을 유지하면서 선택에 의한 관계 속에 위치해 삶의 방향을 주관할 권리가 있음을 체험해가는 것처럼 보이죠. 그리고 그 모든 자율성과 다채로움, 생의 기회를 짓밟아버린 자신의 행위를 죄악시하게 됩니다. 이 모든 사유 끝에 그는 스스로를 껍데기로 여기는 듯합니다. "그 모든 껍데기는 가라. 신,동,엽."을 읊조리는 그의 눈빛 에서 눈물 없는 슬픔과 자조가 느껴지기도 하고요.

"저의 총이 불을 뿜었습니다. 흰 옷에 붉은 피가… 저는 명령에 따랐을 뿐입니다. 제가 쏘지 않으면 소대장이, 동료들이, 날 쐈을 겁니다… 더 이상 쏠 수는 없었습니다. 도망쳤어요. 살기 위해. 죽이지 않게. 무엇이 사는 것이고 무엇이 죽은 것입니까, 신부님."

그는 자신이 진압군으로 밟았던 광주의 땅에 찾아가 껍데기만 남아 살고 있는 자기 자신을 스스로 죽입니다. 희생자 묘역 앞에서 신이 아닌 죽은 자들에게 고해하며 몸에 불을 붙이죠. 그는 잠들어 있는 영령들 앞에서 깨어나자는 호명을 계속합니다. 누가 잠들어있고 누가 깨어있는 것인지 모를 그곳에서요. 아마 어떤 자가 진정 살아있는 것이고 어떤 자가 죽은 것이나 다름없는지 성찰하기를 요청하는 외침이겠죠. 앞서 지미가 침묵으로 분노하는 시간을 지나 소리로, 글씨로, 행동으로 분노를 터뜨려냈던 것처럼 말입니다. 1980년 광주에서 폭발한 분노와 아우성은 그렇게 공명하는 소리의 파동을 타고 80년대를 한국사회 전역으로 흘러간 듯합니다. 광주항쟁을 둘러싼 동시대인의 고뇌가 담긴 메시지는 이 영화로 그치지 않았으니까요.」

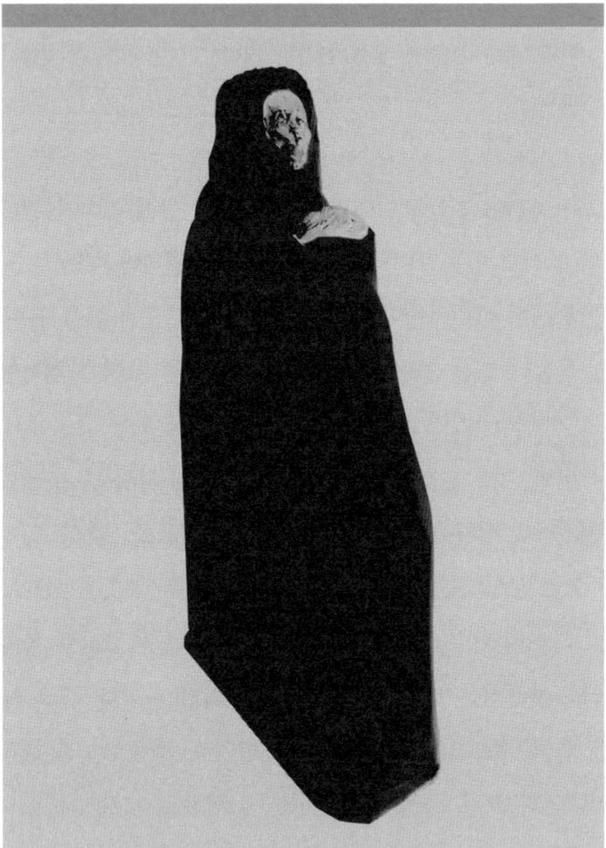

*삽화 - 이홍범, 〈burningman〉(2018)

5장. 공포의 다른 이름, 분노

「광주의 오월 이후, 1980년대는 소리 내어 울거나 분노할 수도 없고 그렇다고 차마 웃을 수도 없으며 웃어도 웃는 것이 아닌 시간이 한국사회의 전역을 짓누르고 있었던 것 같아요. 이 시기, 공안정국 속에서 자행된 국가의 폭력이라는 것은 마치 일상의 공기처럼 자연스러워 보입니다. '빨갱이'라는 사상적 낙인을 무기 삼아 시민의 삶을 언제든 감시할 수 있는 파놉티콘 아래, 그 폭력의 자연스러움을 낯선 것인 양 바라보는 사람은 어느 때든 낙인이 찍힌 채로 사라질 수 있었을 테니까요. 하지만 그 80년대의 길 끝에 서서 광주의 오월에 대해 발화했던 영화들은 그 어둡고 무거운 공기를 필름에 담은 채로 영화라는 발화를 수행하고 있죠. 아니, 그것은 말하는 소리라기보다 더 이상 죽어갈 수도, 맞고 있을 수도, 그렇다고 고통에 계

속 침묵하고 있을 수만도 없어 공기구멍을 비집고 새어 나오는 신음소리 같습니다. 혹은 이 시대 이곳에 자리한 내가 무엇을 느끼고 있으며 그 감정과 신체의 반응은 무엇에 기인한 것인지, 과연 나만 그러한 것인지, 너와 우리는 어떠한지 묻고 확인하기 위해 서로가 알아볼 수 있는 곳으로 신호를 쏘아 보내는 일말의 시도 같기도 합니다.

영화 〈오 꿈의 나라〉(1989)는 특히 당대의 청년들이 청년들에게, 서로를 호명하기 위해 쏘아 올린 신호탄처럼 보입니다. 이 영화를 만든 이로 감독(*이은, 장동홍, 장윤현 감독)보다 〈장산곶매〉라는 영화운동집단이 주목되는 것부터가 그렇죠. 이들은 거대 문화자본의 투자에 의한 상업영화가 아니라 16mm 필름으로 만드는 독립영화에 당대의 시대상을 담아 서로의 생각을 묻고 또 서로를 향해 움직일 수 있었죠. 당시 이 영화는 영화동아리, 각 대학가를 중심으로 상영되었는데요. 이후 〈파업전야〉, 〈닫힌 교문을 열며〉 등의 장편독립영화를 매개로 하며 결집과 공론의 장을 시민사회의 영역으로 확장해갑니다. 청년사회에서 쏘아 올린 신호탄의 파동이 시민의 파도로 전환되며 파고를 높일 것이라는 사실을, 피로 물든 광주의 새벽 밤에는 알 수 없었을 테죠.

*출처: 다음 영화
(https://movie.daum.net/moviedb/main?movieId=50939)

80년 오월 직후, 차마 소리 내지도 못할 경악스러움에 고요했다면 80년대는 아직 살아있는 자들이 스스로 살아있음을 깨닫고 소리 내어 울부짖기 시작했던 시대가 아닌가 싶습니다. 이윽고 영화를 매개로 서로를 끌어당기고 서로의 소리를 확인하며 집단적 감성의 힘으로 움직일 수 있기까지, 당대 한국 사회의 청장년 세대는 적어도 멈추어있지 않았던 것이죠. 깊은 새벽 밤, 길을 걷는 자신의 발끝조차 보이지 않는 어둠, 한 치 앞을 볼 수 없는 절망적 상황 속에서도 어딘가 언젠가의 빛을 찾아 걷을 수 있는 것은 곁에서 들려오는 수많은 발자국소리 때문이겠죠. 시대상에 대해 평하고 논하며 각기의 지향점을 공론의 장에 모을 수 있는 권리를 박탈당했을 때, 그 시대에 속한 이들이 선택하게 되는 행위는 감성에 의한 결집이 아닌가 싶습니다. 그 박탈된 무엇에 대한 자신의 의견을 감성이 발현된 바, 즉 신체적 반응에 의해 스스로 확인하고 또 다른 사람의 경우는 어떠한지 서로의 반응을 연쇄적으로 확인해가는 것이 아닐까요.

말하려 하는 것을 말하게 두고 때로는 말하지 않더라도 발언을 제안하고 심지어 말할 수 없더라도 대신 발화할 방법을 강구하는 것, 그래서 사회에 대해 각기 어떠한 의견을 지니고 있는지 서로 들을 수 있도록 하는 것, 이것이 사회라는 조직체계를 사회구성원에게 유효한 것으로 유지하기 위한 기본적 조건일 텐데요. 모이지 못하고 함께 결정을 도출하지 못하도록 도구와 경로부터 차단하는 것, 그러한 폭압적 관제 질서란 그 억압과 차단의 행위에 의해 스스로의 무용함을 증명하고 있는 셈입니다. 제작과 상영에 있어 자본이 아닌 문화적 소통을 목적으로 한 독립영화를 대상으로 제작 신고와 사전 심의, 공연 신고 등을 명목 삼아 불법 처분을 내리고 상영 금지를 시킨 것, 이러한 실행에는 영화를 매개로 자율적 의사소통을 시도하는 수많은 관객을 일방적으로 설계된 관제 질서 속에 강압적으로 편입시키려는 의도 외에 다른 합리적 근거가 보이지 않아요.

청년층을 중심으로 한 시대상 비판과 고발의 과정이 영화 외에도 풍물, 춤, 연극, 그림, 노래, 문학창작, 독서토론 등으로 표출되었을 때 이것에 대해 군대와 경찰 권력을 투입하여 억누르는 힘을 가할 수 있었던 근거는 단 하나, 국가 안보라는 것에 있었을 겁니다. 한반도 땅은 36년간의 일제 강점과 남북의 민족상잔 전쟁을 통해 수많은 살육과 파괴를 감내해야 했고, 이 역사적 배경이 한국사회에 남긴 것은 이 땅에 더 이상의 불안과 죽음은 없어야 한다는 민족적 신념이었죠. 국가 안보는 남녀노소, 계급, 지역을 가리지 않고 마치 불가침의 신성한 조약처럼 여겨질 수밖에 없었고 그렇기 때문에 군경 권력을 위시한 관제질서는 '국가안보-빨갱이'의 도식을 언제 어디서나, 암행어사의 마패처럼 꺼내 들 수 있었던 것이라 생각해요. 어떠한 공론화와 합리적 논박, 상호 이해의 과정이 없어도 누구에게나 묵인될 수 있었던 국가폭력의 자율성. 한국 사회의 1980년대만 그러한 것은 아니지만 특히 당대는 국가폭력만이 자유를 얻었던 시대가 아닌가 싶습니다.

묵인되는 폭력에 대해 저항할 수 있었던 최소한의 힘은 그 폭력 상황을 재현하여 보는 이에게 고발하는 과정에서 나타날 수 있는 것 같아요. 반복되는 폭력적 패턴을 깨드리는 첫번째 일탈의 시도라고 할까요. 영화 〈오 꿈의 나라〉의 도입 장면이 바로 그러한 1차 일탈을 보여 줍니다. 카메라는 달리는 버스 안에 자리한 각양각색의 군상들을 먼저 비추는데요. 이 장면은 어떤 특이할 것도 없는 범박한 일상의 이미지가 어떻게 사회적 낙인을 무기화한 국가 권력에 의해 안보 위협 상황으로 돌변할 수 있는지를 보여줍니다. 군인은 갑자기 그 버스를 세우고 검열을 시도하는데요. 그것은 오늘 안에 어떤 성과라도 올려야 하는 회사원이나 화풀이 대상을 찾고 있는 잡배, 사냥감을 찾아 영역 안을 어슬렁거리는 맹수처럼 보이기도 합니다.

권력을 상징하는 제복-군복을 입은 자는 어떠한 안내도 설명과 논박의 과정도 없이 자의적 판단과 폭력을 행하는데요. 군인은 실상 야학교사로 5·18항쟁에 참여하다 도피해 온 주인공 종수를 지나쳐 한 장발 청년의 머리채를 붙잡고 다짜고짜 버스 밖으로 끌어내 짓밟습니다. 국가폭력이 지닌 자의성과 그것에 침묵해야 하는 관찰자들의 자조감을 보여주는 장면이죠. 종수는 야학에서 구두닦이 형제들을 비롯한 노동자를 대상으로 민주주의를 가르치고 전민항쟁에 나서야할 시대적 사명감에 대해 이야기합니다. 하지만 계엄령이 내린 이후 근신한 시민군 지도부와 이들의 대처 논의를 탁상공론이라 비판하는 강경투쟁세력 사이에서 종수는 어떠한 판단을 내리지 못한 채 경계에 놓여 고민하죠. 이때 그의 항쟁 의식은 아직 거리에 이르지 않고 대자보에 쓰는 글씨 속에 머물러 있어요. 그런데 자신의 야학에 참여하던 구두닦이 형제들이 총을 들고 시민군으로 참여하는 과정에서, 종수는 신체와 의식이 동일화되지 않은 비자발적 상황을 경험합니다.

"아따, 놔두쇼. 난 지켜야 한단 말이어라. 난 시체를 지켜야 해요. 그 사람들은 죽어분 게 아니라 기다리는 것이라고요."

"이것이 정말 민주주인가벼요. 우리한테 딱새라고 아무도 손가락질하지 않고, 대학생들도 저흴 동지라고 부르데요. 서로 똑같이 인사하고 밥 먹고, 다 똑같이 행동해요. 이제 다 똑같애져 불었어요."

두 구두닦이 형제가 바로 해방의 감성에 의해 움직인 자들, 생존에 직결된 경로를 감성에 의해 선택한 자들이었다면 종수는 해방의 필요성을 요청하는 자, 합리적 이성에 의해 부당한 사회현실을 자각한 자였어요. 두 형제가 어린 손에 총을 들고 생존을 위한 죽음의 투쟁에 나설 수밖에 없도록 내몰린 이들이라는 점에서 특수하다면, 종수는 죽음 앞에서 끊임없이 자신의 생존을 지켜내야만 하는 보편적 인간 자체였어요. 보편적 인간으로서 누려야 할 동등한 지위와 생존 가능한 환경이 파괴되었을 때, 그리고서 그 파괴적 환경이 개선되지 않고 유지되며 힘의 위계 층에 의해 생존 조건의 점유 싸움이 시작될 때, 싸움의 장에서는 경계 밖으로 내몰리는 약한 자, 보편적 인간에서 파생된 특수한 인간이 만들어집니다. 동시에, 환경 내부에 자리한 이들 역시 보편적 인간으로 누려야 할 권리에 순위별로 접근할 수 있는 특수한 자가 되어 가는 것이죠. 종수의 도주가 실상, 보편적 인간으로서 자신의 생명을 돌보기 위한 선택이었음에도 불구하고 지속적으로 죄의식을 환기하게 되었던 것은 그러한 환경을 바로 잡거나 함께 특수한 자가 되지 못했던 경계 속 자신을 발견했기 때문이 아닐까 싶습니다.

그는 도주 혹은 이동이라는 실행을 통해 파괴적 환경 속에서도 살아남을 수 있는 여력이 있었다는 점에서 구두닦이 형제들과 다른 생존조건을 지니고 있었죠. 환경과 관계에 대한 경험적 판단이 이루어지기 전 상태이기도 했고요. 종수는 서울 동두천에서 미군 물품을 암거래하며 살아가는 고향 선배 태호를 찾아가 양공주 숙소에 거처를 둡니다. 그곳에서 함께 일상을 이어가게 된 제니, 로라, 애니 등은 가난과 사회의 차별적 시선 앞에 더 이상 한발 옮겨 디딜 자리 없이 경계에 내몰린 자들입니다. 광주의 오월, 죽음을 목전에 두고도 도청을 사수해야만 어린 형제들의 환경이 서울 동두천에서도 재현되고 있었던 것이죠. 그러한 파괴적 환경과 생존 조건의 점유 싸움이 단지 광주와 동두천에서만 있었을까요. 아마 그것은 언제 그 어느 곳에서나 있어왔던 오래된 싸움일 겁니다. 하지만 진흙물이 연꽃을 피우듯, 동두천 거처의 사람들은 서로의 연약한 뿌리를 얽어 기대며 살아남기를 계속하죠.

그들은 미군과 결혼해 미국으로 이주한 후 학대 끝에 귀국해 몸을 팔다 결국 미군에게 살해당한 린다의 무덤으로 성묘를 가기도 합니다. 죽음이라는 사건과 함께 관계가 종료된다는 생각 때문인지, 제게 묘지로 가는 나들이나 묘지 앞의 대화는 좀 생경하기도 한데요. 영화 〈칸트씨의 발표회〉에서도, 〈황무지〉에서도 죽은 자의 무덤 앞에서 이루어지는 대화와 고백은 비슷하게 나타납니다. 앞서 구두 닦는 형제들의 말처럼, 죽은 자는 죽은 것이 아니라 기다리고 있는 것이라는 생각, 그들을 찾아가 산 자의 오늘을 들려주고 내일을 새로이 만들어가야 한다는 책무 의식이 당대의 청장년들을 관통하는 공통감같은 것이 아니었을까 싶습니다. 그 책무감이 자신의 생존을 죄로 만들고, 살아남은 자로 하여금 스스로를 영원한 도주자로 인식하게 했던 것 같아요. 종수가 그러했던 것처럼 말이죠. 미군 물품을 빼돌리는 병사 스티브를 만나 미국으로 이주해 새로운 인생을 살아가고 싶었던 제니는 스티브가 자신의 아파트와 동료 태호의 돈마저 가지고 도주했다는 사실을 알고 자살을 시도했어요. 환경을 바꾸는 대신 환경과 타협하는 삶의 방식을 취해오던 태호는 결국 제니의 죽음 앞에서 또다른 방식을 선택합니다. 비등한 힘의 구조 속에서는 타협조차 이루어지지 않음을 깨닫는 장면이죠.

> "양키 새끼들, 다 죽여버리겠어. 제니를 죽였어, 제니를. 저 새끼들을 그냥 보고만 있으라고? 그래, 미쳤다 이 새끼야. 미국

이 죽일 놈이라고 하던 새끼가 정신 차리라고? 배운 놈들은 다 그러냐? 말로만 떠들어? 너야말로 정신 차려 이 새끼야!"

태호의 이 정서는 동생을 잃은 구두닦이 형이 도청을 사수하는 밤, 종수에게 건네는 다음 말속에서도 공명하는 듯합니다.

"그래. 오냐, 와라. 다 죽여불 테니까. 선생님? 총알 가지러 갔다올게요. 요고갖고는 놈들을 많이 못 죽이잖아요. 금방 갔다 올게요."

하지만 종수는 그 시간 이후로 현재에 이르기까지 도주하는 중입니다. 붉은 민주주의 글씨가 써진 군모를 버리고 휘청거리듯 계단 아래로 달리는 종수 뒤로 야학 제자의 외침이 들려옵니다.

"선생님, 어디 가요! 선생님!"

경찰이 미군을 찌른 태호의 방을 수색하러 온다며 태호방의 물건을 치우라는 동료의 말에 혼비백산 뛰어나가는 종수 뒤로 역시 같은 외침이 들려옵니다.

"어디 가요, 종수씨?"

종수는 계속 도망치고 있는 것이죠. 총소리와 함께 자꾸만 환기되는 내린 광주 오월의 기억 속에서요.

"계엄군들이 몰려오고 있습니다. 여러분, 계엄군들이 탱크를 앞세우고 몰려오고 있습니다! 시간이 없습니다! 총을 들고 빨리 빨리 이쪽으로 와주십시오! 시민 여러분!"

날카로운 여성의 절규를 뒤로 한 채 종수는 여전히 어둠 속에 숨어 헐떡이고 있습니다. 잿빛 흐린 서울 하늘을 배경으로 버젓이 펄럭이는 성조기와 대조적인 모습으로요. 1980년대의 청년들, 제2, 제3의 종수들은 오늘도 그렇게 생존의 죄의식 속에 도주하고 있는 중일지 모릅니다. 그것이 80년에 태어나 포스트오월세대와 함께 자라온 제가 광주의 오월을 양가적으로 바라보게 된 이유일지도 모르겠어요. 금기시되거나 혹은 성역화된 오월. 사실 그 두 측면 모두, 오월의 기억에 대한 현재감이나 도주의식으로부터 벗어나려는 노력이라는 점에서는 공통적인 것 같아요. 어떠한 사건이 기념 제의화되고 의미가 부여되는 순간, 그것은 훈장이라는 새로운 낙인을 얻게 되죠. 지정되고 확정된 정체성, 그 낙인은 빨갱이와 같은 위협적인 성질이든 민주화운동이라는 명예로운 성질이든 국가권력의 힘에 의해 부여되고 있다는 점에서 타율적 결과이죠. 생존을 위한 필사적 노력이 곧 죄가 되지 않는 환경, 생존에 불리한 환경을 변화시키기 위해 서로의 의견을 대안으로 수렴할 수 있는 구조, 환경 내부의 위계적 힘에 의해 경계 바깥으로 밀려나가는 이들을 곧 환경 변화를 위한 신호로 인식하는 관계가 구축되어야 종수의 도주는 끝날 수 있을 겁니다.

광주의 오월을 역사서 언저리에서 읽고 학습하는 것이 아니라 생존과 애도에 대한 의미와 가치를 스스로 부여할 수 있어야 오월의 기억하는 행위가 진정한 제의로 인정될 수 있을 것 같습니다. 이를 위해서는 먼저, 보편적 인간이 지닌 생존의 감성을 근거로 하여 무엇이 죄이고 무엇이 책무인지 가려낼 수 있어야겠죠. 그때 비로소 광주의 오월이 '부여된 역사적 의미'가 아닌 '부여하는 역사적 의미'를 얻을 수 있을 겁니다. 아니, 매번 현재를 살아가는 우리가 광주의 오월에 대한 매번의 의미를 새로이 부여할 수 있을 겁니다. 광주의 오월을 광주의 특수한 사건, 특별한 오월로 기억하자는 의미는 아니고요. 오월을 하나의 상징적 시어처럼 생각하면, 저마다의 오월을 지니고 있을 수 있을 텐데요. 이, 저마다의 오월을 매개로 연결되면서 공생공존의 환경을 도모하는 데 열려있어야 한다는 의미입니다.

오월이 어떤 세대에게는 한국전쟁으로, 87년 6월 민주항쟁으로, 2014년 세월호 참사로 각기 삶 속에서 대항하거나 도주했던 기억과 감성을 환기할 때 현재의 환경을 재조명하고 자율적으로 재구성하기 위한 동력을 결집할 수 있을 것이라 생각해요. 한국사회의 80년대를 광주 오월에 관한 발화에 비추어서만 확인할 수는 없겠지만, 적어도 이들 오월 영화에 담긴 당대의 소리는 바로 그런 집단적 결집과 자구적 힘을 서로에게 요청하려는 신호였음을 이해할 수 있습니다. 이후 1990년대로 진입하면서 오월에 대한 죄책감과 책무의식은 조금 다른 주체의 층위에서 달리 나타나는데요. 말하자면, 그 감성의 내면은 유사하되 그 자조적 감성의 발현 주체가 장년층 이상이나 유소년층을 포괄하는 방향으로 확대되고 있다는 것이죠. 영화로 말하는 오월 이야기, 90년대 이후의 모습은 어떤지 그 조명 과정을 이어서 재조명해보실까요.」

6장. 새벽 밤, 발자국 소리의 연대

「90년대에 극장에서 개봉된 광주 오월 관련 영화는 이정국 감독의 〈부활의 노래〉와 장선우 감독의 〈꽃잎〉입니다. 〈부활의 노래〉는 1990년에 촬영한 후 공연윤리위원회의 심의를 거쳐 25분 분량의 내용을 삭제하라는 통보를 받죠. 광주의 민주화 운동이 왜 당위성을 얻을 수 있는지 영화를 통해 나타내지 못하면서 광주의 무장봉기를 미화하는 데 그쳤다는 내용이 그 통보의 요지였는데요. 각고의 시도 끝에 몇 분의 분량을 삭제하고 재심의에 통과할 수 있었다고 합니다. 그렇게 이 영화는 극장상영을 위한 35mm 필름으로 제작되고 개봉을 통해 대중적으로 오월을 발화한 첫 영화가 된 것이죠. 물론, 이후 1996년에 개봉된 장선우 감독의 〈꽃잎〉이 광주 5·18에 대한 전면적 조명이 이루어진 첫 대중적 영화로 회자되곤 하는데요.

〈꽃잎〉은 광주와 5·18이라는 사건을 영화의 러닝타임 내내 주목하면서 여러 인물의 시각과 발화를 통해 그 사건 안으로 강렬하게 끌어당기고 있어요. 하지만 이 〈꽃잎〉이라는 영화에서 광주에 대한 이야기는 직접 건네고 있는 사람이 없거든요. 여기서는 주인공인 소녀의 삶에 이입해 들어가면서 오월의 이야기를 유추하게 돼요. 말하자면 〈꽃잎〉에서 그려지는 오월은 하나의 객관적 대상물같은 거죠. 그것을 입체적으로 둘러싼 다양한 시선들이 대상물에 실제의 상을 인지해가거나 비평해 가는 과정, 〈꽃잎〉을 보는 내내 광주와 오월을 근접 관찰하도록 하는 유인력이 매우 큰 영화입니다.

이에 비해 〈부활의 노래〉에서는 광주나 오월이 어떤 대상물로 나타나지 않아요. 이 영화에서는 5·18이라는 사건이 당대인의 내면에 아로새겨진 기억과 감성을 당사자적 관점에서 표출하고 있어요. 여기서 광주와 오월은 관찰자 앞에 놓인 대상물이라기보다 오히려 당대의 인물들이 어떠한 사유로 삶을 살아가는가, 어떠한 시대정신과 처지를 지닌 채로 고뇌하고 있는가를 말하기 위한 무대와 같죠. 〈부활의 노래〉에서 광주는 그 시대를 살아가던 대학생들, 노동자 등의 청년들이 그들의 사회를 어떠한 상으로 분석하며 비판했는지를 전달하는 하나의 매개적 장소인 것으로 보여요. 영화는 언제 어느 곳에 자리

*출처: 딴지일보(http://www.ddanzi.com/ddanziNews/9215736)

한 누구든지 분절된 개인이 아닌 연결된 존재로, 무의미한 패턴 속에 자신의 신체를 구속하는 일상이 아닌 스스로 설계하고 재구조화해가는 주체적 삶을 사유할 수 있도록 광주와 오월을 창구로, 혹은 접속 코드로 삼아 말을 건네고 있죠.

여기서 그 발화의 방식은 〈꽃잎〉의 경우에 비해 다분히 직접적인 양상을 띱니다. 그 때문인지 영화를 보는 이는 영화 속 인물들에게 더욱 빠르게 몰입하고 공명하게 돼요. 혹은 또 다른 정서적 반향을 불러일으킬 수도 있겠지만 그 역시 속도감 있게 나타나겠죠. 공명하는 사유 과정으로 진입하는 경우, 관객들은 등장인물의 장소에 함께 자리해 광주의 오월을 고뇌한 당사자들로서 5·18을 환기하는 경험을 하게 됩니다. 즉, 〈부활의 노래〉는 그것을 만든 이들과 그 영화의 주된 감상자들에게 광주와 5·18이라는 사유의 장소를 횡단한 자, 당대를 밟고 지나온 자로서 동일성을 부여하고 오월과 현재의 동시성을 환기시키는 매체가 되는 것이죠.

물론 포스트오월세대에게 이 영화는 역시 또 하나의 객관적 대상물이죠. 이 영화와 1차 감상자가 되었던 세대를 아울러 관찰자적 시선으로 바라보게 될 수도 있겠고요. 하지만 말했듯이, 이 〈부활의 노래〉가 광주의 오월을 온전히 자신의 것이라 여겼던 당대 주체들의 사유물이라는 점에서, 이 영화를 광주

5·18에 관한 첫 35mm 대중영화로 보는 데 부정할 여지는 없을 것 같습니다. 또 물론 광주의 오월을 사유하는 데 이르지 않고 당대 속에서도 역시 관찰자적 시선으로 바라보게 된 이들도 존재하고, 그들의 시선에서 이 영화는 객관적 사실에 이르지 않은 주관적 메시지일 수 있겠죠. 그러한 점에서 90년대의 오월은 완전한 객관물이 되어야만 공론의 장에 놓일 수 있었던 한계를 지녔다고 봐요. 아직, 광주의 오월이 사물화되지 않고서는 대중화될 수 없었던 시대였던 것이죠.

〈부활의 노래〉에 등장하는 인물들은 실존했던 청년 운동가들의 당대 삶을 비추고 있는데요. 이들은 전남대학교 총학생회장이자 들불야학에서 사회운동에 대한 사유를 확대해가던 인물인 박관현, 노동운동가로서 같은 야학에서 가르침과 배움을 실천하며 5·18 당시에 시민군으로 활동했던 윤상원, 들불야학을 만든 이로 전남대 교육지표 선언과 관련한 시위 이후 제적, 대학이 아닌 공장에서 노동운동을 실천해 간 박기순 등을 그리고 있죠. 전남대학교 총학생회장으로 반독재투쟁에 앞장서다 보안사에 의해 체포되어 고문과 옥중단식 끝에 사망한 박관현 열사, 5·18 최후 항쟁지로 불리는 5월 27일 전남도청에서 총기에 의해 사망한 윤상원 열사, 참된 역사교육의 뜻을 야학과 노동운동의 현장에서 펼쳐나가다 불의의 사고로 세상을 떠난 박기순 열사. 이들 모두 세상에 둔 자신의 뜻을 못다 이룬 채로, 혹은 세상에 쏘아 낸 발화의 메아리를 듣지 못한 채로, 이립의 나이 안팎에 이곳을 등져야 했던 청년들이었어요.

영화에서는 이들의 대화와 행위를 통해, 당대 사회 속에 비판과 균열의 메시지를 던지려 했던 것 같아요. 즉, 광주의 오월 진상에 대한 고발과 애도의 메시지가 주된 것이라기보다, 광주의 오월을 매개로 이어진 거대한 집결체, 집단적 사유의 주체를 상상하고 체감하며 구현하려 했던 시도처럼 보인다는 거죠. 영화를 보는 과정에서 관객은 분명, 등장인물들과 영화를 보는 이가 서로 동일한 장소와 입장에 선 것처럼 공감하고 공명하며 당대의 청년과 동일화되는 경험을 할 수 있어요. 상상하거나 추론하게 되는 광주의 오월보다 경험적 사실로 환기되는 또 다른 오월을 떠올리면서요. 저의 경우에는 1980년의 오월과 2014년의 사월(세월호 참사)을 교차하며 사유할 때 공명의 진폭이 확대됨을 체험합니다.

수장되는 학생들이 바다 속 배 안에 있는 동안, 방송프로그램을 비롯한 문화적 시스템이 재작동하기 시작한 약 두 달 이후의 시기가 되기 전까지 한국 사회의 수많은 이들이 삶 자체에 죄책감을 지녔던 것 같아요. 웃는 것, 자는 것, 먹는 것, 자신의 행복과 안위를 지키는 것에 관한 다수의 행위가 침몰하는 배 안의 생명들에 대한 미안함을 넘어 자책을 가져왔던 것인데요. 그 무엇과도 바꾸지 못할, 바꾸어서는 안 될 최우선적 가치인 생명을 목전에서 구하지 못하고 죽음에 이르도록 내버려 두는 것은 그것을 보는 이들에게 일종의 이명을 만들어냅니다. 그것은 말하자면, '나는 이렇게 죽어가는데 너만 살아남느냐' 하는 상상된 원망의 소리죠.

하늘이 푸르고 맑은 바람이 따뜻하게 불어와도, 세상이 아름답고 평안하게 보일수록 현실 속에 남은 자들의 죄책감은 그에 반비례하며 커질 수 있습니다. 그것은 죽어간 이들의 모습에 자신을 투사하며 불안을 느끼기 때문이고, 생존을 위해 나와 다른 이들이 선택해야 할 상호 구조의 책무를 이행하지 않았거나 그렇게 하지 못했던 상황을 변화시키지 못했고, 그렇기 때문에 자꾸 환기되는 당시의 상황 속에서 자신은 실제로 죽어갔던 이와 함께 반복적으로 죽음을 맞이할 수밖에 없기 때문이죠. 이 같은 죄책감은 사실, 같은 상황이 닥쳤을 때 자신 역시 그들처럼 수장될 수밖에 없다는 자각이자 상황의 위험성에 대한 경고, 개선 혹은 도주를 선택해야 하는 시점에 대한 신호일 수 있습니다. 인간이 생존을 위해 스스로 진화시켜 온 사회적 감성에 의해 나타나는 본능적 반응이기도 할 테고요.

하지만 이 같은 경고와 반응의 과정이 문제상황을 어떠한 방식으로든 해결하지 못하고 생존을 위한 불안감마저 해소하지 못할 때 인간은 무력감을 느끼게 됩니다. 어떠한 노력으로도 문제가 해결되지 않으므로 어떠한 반응도 불필요하다는 생각이 학습되는 것이죠. "그래봤자 너만 손해야.", "너 하나 애쓴다고 세상이 달라지지 않아.", '계란으로 바위 치는 꼴', 저 역시 들어본 이 흔한 조소가 바로 그러한 무력감과 냉소에 바탕을 두고 있는 듯합니다. 물론 이러한 말조차, 살아있는 자에 대한 관계의식과 책무감 없이 마냥 던져지는 것은 아닐 겁니다. 하지만 이러한 무력감이 차츰 누적될수록 균열이 간 구조를 정당화하고 실패를 기정사실화하게 됩니다. 그 사회의 구조 속에서 언제든 유사한 상황이 재현될 수 있고 우연했던 사고가 그 확률을 높여갈 수 있음에도 불구하고 요행으로 안위를 유지할 수밖에 없는 상황이 지속되는 것이죠.

잠정적으로 침묵이 유지되고 불안이 표면화되지 않을 수는 있겠지만 문제를 정면으로 다루어 해결하거나 결론짓지 않는 이상 위기 상황에 대한 경고등은 점멸을 지속하고 불안감은 종국에 분출될 수밖에 없습니다. 반복되는 무력감은 문제해결 불가능성을 감내한 채로 살아가야 하는 현실에 대한 우울감과 자조적 의식을 양산해요. 분노와 불안의 감정은 '안전불감증 대한민국'이나 '헬 조선 탈출'이라는 비아냥거림에서 곧 혐오의 형태로 분출되기 시작했고 '한남', '노 키즈 존', '틀딱', '급식충', '꼴페미' 등으로 상징되는 각종 혐오 의식이 생성되었죠. 어쩌면 이것은 감정을 분출하고 공유하며 서로를 끌어당기고 연대해 위기감이 맴도는 현실 속에 공동 대응하기 위한 자체 정비 과정, 생존을 위한 집단적 대응이자 사회적 존재로서 인간이 홀로 대응할 수 없는 위기 앞에 보이는 자구적 반응이 아닐까 싶어요.

연대한 방어가 오히려 위협적인 공격이 됨을 확인할 수 있는 사례는 무리를 이루고 살아가는 자연의 생명체 가운데 종종 발견할 수 있어요. 마치 초원의 맹수를 감지했을 때 물소 떼가 군집 단위로 격렬하게 뛰기 시작하면서도 암컷과 새끼를 무리 내부에 위치시킨 채 조직적 방어 태세를 유지하는 것처럼 '힘의 분출'과 '연결'을 사용하는 겁니다. 물소 떼가 격렬한 도주 이동을 시작할 때 무리 안에 진입한 맹수는 오히려 거대화한 집단 속에 갇히는 형세로, 수많은 발길 아래 자칫 밟혀 죽기 십상이죠. 인간의 경우에는 보다 정교화된 형태로 상황에 대한 내면의 반응을 분출하는데요. 대표적으로 음성과 문자를 통한 언어적 표현을 들 수 있지만 언어라는 기호를 매개로 하지 않은 감성적 커뮤니케이션도 다종의 방식으로 이루어지죠. 예를 들어 표정이나 어조, 분위기, 몸짓의 의미를 파악하는 것은 단지 기호를 해석하는 인지적 기능에 의해서만 이루어지지 않잖아요. 맥락을 파악하고 서로의 관계 속에 메시지를 전달하는 감성적 기능이 반영되어야 온전한 소통이 가능하죠.

이 〈부활의 노래〉에서 관찰자를 당사자로 끌어당기는 듯한 느낌을 받게 되는 것은 이 영화가 바로 앞서의 감성적 소통 기능, 위기에 대한 집단적 방어 기능을 차용하고 있기 때문이 아닐까 생각해요. 위기를 감지한 쪽에서 격렬하고 강렬하게 내면의 반응을 분출하고 이러한 호명에 연쇄적으로 반응하는 것, 이 같은 대응이 누적되고 있었기 때문에 〈꽃잎〉에서처럼 오월을 범국민적 범주에서 대상화하는 작업도 이어질 수 있었던 것이라 생각합니다. 사실, 이 영화의 제목인 〈부활의 노래〉는 호남의 저항시인 서은瑞隱 문병란(1935~2015)의 시 제목이기도 한데요.

돌아오는구나
돌아오는구나
그대들의 꽃다운 혼,

못다한 사랑 못다한 꿈을 안고
죽음을 넘어 시대의 어둠을 넘어
부활의 노래로
맑은 사랑의 노래로
정녕 그대들 다시 돌아오는구나

이 땅에 우뚝 솟은 광주의 어머니
역사의 증언자, 무등산 골짜기 넘어
우수절 지나 상그러이 봄내음 풍기는,
기지개 켜며 일어서는 무진벌 넘어
한 많은 망월동
이름 모를 먼 주소를 넘어
가난한 이웃들이 모여 사는
광주 지산동 광천동
청소부 아저씨네 낡은 울타리를 넘어
주월동 셋방살이 젊은 기사님네
작은 창문을 넘어
정녕 그대들
떠나면 저승의 길목을 넘어
언 땅 뚫고 솟아오르는
끈질긴 잡초 뿌리로 우거지는구나
툭툭 망울 트는 핏빛 진달래로 타오르는구나.

그날, 5월은 너무나 아름다왔고
너무도 뜨겁고 잔혹했던 달,
산산히 갈라진 목소리 속에서도
온몸 끌어안고
천 번이고 만 번이고
입 맞추고 싶었던 사랑,
융융한 강물로 막힌 둑을 무너뜨리었더니!
꽃같은 핏방울로 어둠을 찬찬히 불사르었더니!

지금은 다시 얼어붙은 땅
저 잔혹한 막힌 겨울의 어둠을 뚫고
광천동, 양동 다리 밑 넝마주이들의
해진 동상의 발가락 사이로
야학에서 늦게 돌아오는
나어린 여직공의 빈 창자 속으로
그날, 아세아 다방 앞
고아원 구두닦이들의 깨어진 구두통 속으로
목 메어 흐르는 시커먼 광주천의 오열 속으로
갇힌 벗들의 사랑이 우는 교도소 철장속으로
문득 어깨를 치며
여보게! 쌩긋 웃음지어 보이던
그 시원하고 큰 눈, 그 서글서글한 눈빛 속으로

그대들은 돌아오는구나
돌아와 우리들 곁에 나란히 서는구나.

퉁겨오르는 새날의 태양처럼
황토 땅에 뿌리 뻗는
새봄의 향그런 쑥이파리처럼
맨살로 꿋꿋이 서 있는 참나무처럼
스스로 몸을 썩혀 싹을 튀우는
언 땅에 묻혀 겨울을 이겨낸 보리처럼
끝끝내 죽지 않은 뿌리로
과녁을 향해 달려가는 화살로
온 천지 가득한 눈부심으로
돌아오는구나,
돌아와 우리들의 가슴을 채우는 빛이 되는구나.

그날, 가시 우에도
맨발의 장미 툭툭 망울을 트고
피 함박 머금은 모란꽃
송이송이 낙화로 뚝뚝 떨어지던 날
무등산을 안고도 남았던 가슴
온누리를 안고도 남았던 가슴
우리들의 사랑 금남로 가득 벅차게 넘쳤더니!

우리들의 눈물 뜨겁게 샘솟아 타올랐더니!

어디에도 남은 가슴이 없는
지금은 엎대어 있는 고난의 거리
비닐공장 여공들의 퀭한 눈동자 속에서
시장 귀퉁이에 쭈그려앉은
생선장수 노파의 눈꼽 속에서
살아남은 사람들의 부끄러움
우리들의 비겁한 양심 속에서
집 없는 혼령들
짝 없는 혼령들
붕붕거리는 파리떼의 날개소리로
수채구멍 속에 스미는 꾸정물의 오열로
돌아오는구나,
돌아와 우리들의 슬픈 노래가 되는구나.

어디에도 있고
어디에도 없는 그대들
흔적도 없이 지워졌다가
다시 80만 개의 아픔으로 돌아오는
그대들은
갓 사랑하기 시작한

귀여운 누이들의 귓속말
깔깔대는 그들의 밝은 웃음 속에 있고
머리칼 하나 남김없이 가버린
그대들은
절뚝거리는 재봉공의 목발
삐꺽거리는 휠체어의 바퀴 속에 있고
이 땅의 가장 캄캄한 어둠 속
척박한 황토땅에 뿌리 뻗은
한 줄기 꼿꼿한 죽순 속에 있다.

사랑한다는 것은 죽는다는 것
죽는다는 것은 다시 산다는 것
그날, 캄캄한 허공을 향해 날아간
깨어진 돌멩이 속에 숨어 있고
가슴을 뚫고 날아간 아픔,
어디선가 까맣게 녹이 슬었을
그날의 어둠 속에 숨어 있고
피와 눈물 대신에 마시는
금남로의 타는 목마름
한 젊은이의 목숨을 구한
황금동 여인의 뜨거운 핏줄기 속에 숨어 있다.
누가 우리를 죄인이라 하는가

누가 우리를 죄인이라 하는가
목메어 부르는 진혼가의 절규 속에 있다.
하나는 고향집 양지쪽에 핀
수수한 장다리꽃
하나는 어여쁘디 어여쁜 호랑나비
두 날개 쩍 벌려
춘향이와 이도령 상사춤 어우러지듯
꽃과 꽃의 순결한 입맞춤으로
아사달과 아사녀의 속삭임
그 순결한 배꼽과 배꼽의 만남으로
고구려적 하늘 아래 핀
맑고 고운 진달래꽃 빛깔로
한 줌 깨끗한 고향의 흙으로
그 위에 타는 찬란한 저녁노을로
풀 끝에 스미는 한 방울 이슬로
대장균 우글거리는 광주천의 검은 오열로
돌아오는구나,
돌아와 우리들의 빛나는 사랑이 되는구나.
무너진 땅에 다시 봄은 오는데
가시 위에도 맨발의 장미,
칼날을 딛고
또 피 먹은 장미, 5월의 장미는 피어나는데

콕콕 찌르는 아픈 가시로 오는 임!
소주 속에 스미는 독한 향기로 오는 임!
알큰한 고춧가루 매운 눈물로 오는 임!
역천(逆天)하는 배반의 땅 위에 누워
아직도 잠들지 못하는 혼령이여
총각 귀신
처녀 귀신
집도 없고 짝도 없는
오오 구천을 떠도는 무주고혼이여!

오늘은,
깨끗한 혼과 혼으로 만나
이 땅을 끌어안고 입맞추는
한 줄기 고요한 바람이 되거라
저 미치게 푸른 하늘 아래
꽃과 꽃의 맨살로 만나

오늘은,
잠들지 못하는 땅의
찬란히 타오르는 한 줄기 노을이 되거라.

_문병란, 「부활의 노래」 시 전문

이 시는 시인의 몸을 통해 지면 위에 형상화된 광주의 오월이자 입이 없어 채 말하지 못한 광주의 이야기이기도 합니다. 광주와 오월은 80년 그때의 시간 이후로 이 같은 소리들과 메아리의 연쇄를 거쳐 하나의 사건이 아닌 의미가 되어 갑니다. 문병란 시인의 이 시는 광주의 현장을 시어와 이미지, 의미를 구성하는 그 재료들의 지면 배치와 흘러가는 의미 작용에 담아 기록하고 재현하고 있는데요. 이와 연관하여 영화는 필름이라는 또 다른 지면에 그 기록을 담아 또 다른 장소에서 또 다른 범주로 파동을 전달하고 있죠. 다른 장소, 다른 매체로 같은 서사를 전달하고 있는 이들, 이들은 분명 같은 지향점을 향해 컴컴한 새벽밤을 걷고 있는 발자국 소리의 연대였을 겁니다.」

*삽화 - 이홍범, 〈king of trickle〉(2018)

7장. 무관심의 죄의식

「가령 광주의 오월이 당사자적 체험이 아니거나 적어도 그것에 대한 당사자적 시각을 지닌 이와 공명하는 경험을 하지 않은 경우라면, 오월에 관하여 발화하는 메시지는 차츰 다른 내용을 띨 수밖에 없을 겁니다. 예를 들면, "오월이 대체 뭐길래?" 하는 의문 말이죠. 그 의문에 대한 답은 오월에 대한 발화의 불필요성을 담을 수도 있고 오월에 대한 탐구와 접근 과정을 담게 될 수도 있을 텐데요. 80년대 전민항쟁의 시기를 거친 90년대는 80년의 오월을 사회적으로 조명할 수 있을 정도의 정치적 힘을 국민이 지니고 있기도 했지만 그만큼의 시간적 거리를 얻게 된 시기이기도 했죠.

경험한 사건을 현재의 일상과 연관지어 인식하는 면에서도, 사회적 감성 체계를 작동시켜 환경의 적합성을 판별하는 측면에서도 90년대 5·18의 현실적 작용력은 약화된 측면이 있었습니다. '국풍 81' 같은 국가 주도 행사에 의해 사회적 비판력이 연희 의식과 함께 인위적으로 희석되기도 했었고요. 하지만 현실적 작용력의 약화는 오월에 국한된 현상이라 할 수 없고 인간이 체험한 사건을 처리할 때 보편적으로 나타나는 과정으로 보아야 할 것 같아요. 다른 체험적 상황에서도 사건의 경험에 대한 현실 반응의 강도가 약화되면서 관념적 공간의 의미화 과정이 정교화되고, 그 의미 작용의 결과로 새로운 감성적 반응이 만들어지는 과정이 전개되니까요.

그런데 90년대 오월 영화에 나타나는 오월과의 거리감이란 2000년대 이후 영화에서 나타나는 그것과 좀 다른 성질인 것으로 보이는데요. 말하자면 90년대 오월 영화의 경우에서는, 오월은 경험하거나 관찰하지 않았던 사건이지만 오월에 대해 나와 다른 사회적 반응을 주목할 만한 것으로 보고 그 생소함에 접근하려는 입장이 간추려집니다. 이러한 입장에서는 아직 오월의 의미가 규정하지 않은 상태이죠. 그 의미는 자발적 접근과 탐색, 분석의 시도 이후에 얻어질 수 있을 겁니다. 그렇기 때문에 영화는 그 자발적 접근의 필요성을 강조하죠. 그것의 감성적 형태는 바로 '관심'이고요. 실제 90년대는 사회적 무관심에 대한 자각과 비판이 강조되는 시기이기도 했습니다.

사회적 비판과 참여에 대한 대중적 지지가 약화되면서 미해결된 사회적 문제들에 대한 위기의식이 90년대 초 분신정국을 형성하기도 했고요.

2000년대 이후 오월 영화가 역사적 사실로 개념화된 사건으로서 오월의 의미를 규정해두고 이에 대한 당사자적, 후속세대적, 관찰자적 시선 사이의 각론을 담고 있다면, 90년대의 오월 영화에서는 오월이 아직 의미화되지 않을 상태로 공론의 장에 재등장하고 있다는 차이가 있는 것 같아요. 영화 〈꽃잎〉은 광주의 오월을 배경으로 하여 앞서의 무관심의 문제의식을 제기하고 광주와 오월의 죽음을 공론장의 조명 아래 놓습니다. 누군가 죽어가거나 미쳐가는데 과연 왜 그러한 것인가, 그들은 무엇을 말하려 했으며 왜 죽음을 선택하는가, 나의 무관심함이 또 누군가를 죽음의 경계로 밀어내는 것은 아닐까 하는 성찰적 사유를 제안하고 있는 것이죠.

영화 〈꽃잎〉은 광주 구 도청 앞 시위대와 항쟁의 모습을 재현하는 과정에서 배우가 아닌 시민들, 특히 광주시민들이 대규모로 참여하며 이슈화가 되기도 했는데요. 그 때문인지 영화 속에 나타난 광주의 진압 장면은 마치 주인공 소녀와 함께 현장에서 군중의 물결과 피비린내 나는 학살의 목도하고 있는 듯한 반응을 불러일으킵니다. 광주의 경험을 기억과 자신의

*출처: 다음 영화
(https://movie.daum.net/moviedb/main?movieId=194#photoId=79495)

신체 안에 지니고 있는 당사자들의 감성 반응이 그 장면을 만들어 낸 재료였으니까요. 1996년에 개봉된 장선우 감독의 〈꽃잎〉은 이전의 오월 영화들과 달리 제작 당시부터 많은 관심과 지지를 받은 것으로 보입니다. 감독은 이 영화 제작 이전에 이미 수차례의 수상 경력과 대중영화 제작 경험을 지니고 있었고, 〈꽃잎〉은 5·18을 전격적으로 조명하는 첫 대중영화로 회자되며 기십억원의 제작비를 들이기도 했으니까요.

영화를 보는 과정은 내내 수월하지 않습니다. 광주의 오월을 직접적으로 설명하지도 않고 명료한 당사자적 발화가 나타나지도 않죠. 소녀는 미쳐있으면서 죽어가는 과정에 놓여 온전한 형태의 소통이 가능하지 않은 상태이기도 합니다. 또 다른 주요 인물인 인부 장 역시 사회적 관계에서는 침묵이나 욕설 등으로 일관하고, 근접한 관계에서 내뱉는 말에는 의미보다 폭력적 감정이 담겨 있어 무언가 메시지를 발화하고 있다고 보기 어렵죠. 무엇보다 이 영화를 보는 이를 괴롭히는 것은 정신적으로도 육체적으로도 죽어가는 소녀에 대한 가학적 행위의 장면들인데요. 인부 장은 자신을 오빠라고 부르며 따라오는 소녀를 강간한 후 굶기기, 때리기, 욕설하기, 바닥에 패대기치기, 뜨거운 냄비를 엎기, 집안에 가두기, 친밀함을 거부하기, 반복적으로 강간하기, 성인 이미지화하기 등으로 학대합니다.

그리고 영화는 보는 이로 하여금 단순히 불편함을 넘어서는 이 같은 장면들로부터 고개를 돌릴 수 없도록 요구합니다. 이때 관객은 망각하거나 외면하거나 무관심했던 문제 앞에 당면하게 될 수밖에 없습니다. 소녀가 미쳐 살아갈 수밖에 없었던 맥락을 이해하는 데 자신의 시선과 지성과 감성을 사용해야만 하죠. 소녀를 가학하는 동시에 근접한 관계의 친밀성을 착취하고 있었던 장, 모여서 겁에 질린 소녀를 미친년이라 놀리다 물에 빠뜨리고 만 동네 아이들, 그 소녀를 발견하고 애들을 쫓아냈지만 소녀의 광기 어린 공포를 이해하지 못한 경운기 사내, 소녀의 공생과 공존을 허용하고 소극적인 수준의 방어를 대리 수행했지만 동일시가 아닌 동정심에 의한 관계에 놓여 있었던 옥포 댁, 소녀를 한 명의 인간이자 사랑을 주고받을 수 있는 존재로 인식했지만 자신의 미완결된 애도를 투사하기 위해 소녀를 대리물로 여긴 김상태, 이들 모두는 소녀의 현실과 같은 곳이 아닌 자신만의 성안에 사는 자로 보입니다. 환경이라는 생의 자원을 공유하되, 환경을 사용하는 힘의 작용 과정에서 자신의 위치가 아닌 장소 또는 자신의 시야가 확보할 수 있는 정보 이외의 것에 무관심한 모습을 보이는 것이죠.

하지만 영화에서 그 무관심은 아직 무관심한 행위로 인식조차 되지 않은 상태입니다. 소녀는 언젠가 보았음직한, 어쩌면 당대 비루한 우리 모두의 삶 속에서 흔하게 만났을 법한 생존의 경계에 선 이의 모습이었을 테죠. 그 소녀의 상과 삶이 자신의 인식 속에 찾아오기까지는 그것에 처음 시선을 두고 의문을 제기하는 사유가 있어야 합니다. 영화에서 그 사유의 시작은 친밀한 관계(친구)에 대한 관심을 그의 가족과 이웃, 사회의 범주로 확대해가는 어느 청년들의 움직임에서 나타납니다. 영화에서 소녀의 행적은 의문사한 친구의 기일에 모인 우리들이 그의 가족에 대한 이야기를 나누고 그 친구의 잃어버린 동생을 찾아나서는 여정에 따라 그려지는데요. 소녀를 찾아나서는 우리들이 시선을 두고, 말하고, 질문을 던지고 느끼고 반응하는 일련의 과정 끝에 그들은 소녀의 삶과 그들을 비로소 현재 속에 연결시키게 됩니다. 그들은 점차 소녀를 현재 자신이 위치한 곳에 공재한 것처럼 느끼게 되고 그동안 소녀를 미처 떠올리지 않았음을 비로소 무관심이라는 성질의 행위로 인식하게 되지요.

> "오빠, 나여. 나 알아보것제. 알아본다고 말혀봐. 너로구나 하고 말혀봐. 오빠 한테 할 얘기가 을마나 많은디. 이 옷 생각나제. 오빠가 추석에 온다고 읍내랑 시내 가서 산 옷. 오빠가 예쁘

다고 그랬지? 시집 보내준다고 그랬지? 절대 나가 얘기하는디 귀 막으믄 안 뒤아. 그믄 나는 그만 가루가 돼서… (중략)오빠. 나가 거기 왜 탔는지. 나 몸에 피가 묻어서. 사람들이 죽은지 알았나벼. 얼굴 없는 사람들. 구멍 난 사람들이 거기 탔었어. 근디 더 무서웠던 건 우리 엄마가 거기 타고 있을까봐. 그게 더 무서웠어 오빠!(울음)"

소녀는 군인들의 총과 칼에 살해당해 어디론가 차에 실려 나가던 시신들을 현실 속에 매개하는 인물입니다. 죽음과 생의 경계에 서서 처참한 공포의 순간을 끊임없이 재확인해야만 하는 존재이고요. 그 순간으로부터 도주를 거듭해도 공포 안에서 죽어간 소녀의 앳된 영혼은 오늘의 소녀를 끊임없이 괴롭힙니다. 하지만 기차의 차창 너머로 마주한 자신의 망령 앞에서 창에 머리를 부딪쳐 혼절해도, 죽은 자들의 무덤을 찾아가 쏟아놓을 수밖에 없는 원한과 두려움에 눈이 뒤집힐 정도로 고통 받아도 소녀와 함께 울음을 우는 이는 없어요. 이를 지켜보며 장 역시 소녀와 연결되지 않은 채로 눈물짓고 있을 뿐이죠. 오빠의 무덤 앞에 실신했다 다시 홀로 몸을 일으켜야 하는 소녀 너머로, 그녀처럼 작고 가는 나무 한 그루가 홑으로 흔들리며 바람을 감내하는 모습이 보입니다.

*삽화 – 이홍범, 〈낙화〉(2017)

하지만 영화에서는 소녀의 삶과 어떠한 방식으로든 접점을 갖게 된 이들의 시선 두기를 통해 소녀의 행방을 찾을 수 있는 어떤 가능성을 보여주려 하는 것 같아요. 장과 우리의 변화를 지켜보자면 그것을 지켜보는 이 역시 어느새 소녀의 삶과 상당 부분 중첩되어 있는 내면의 감성 지대를 확인하게 됩니다. 장은 광기와 공포 속에 이입되어 가는 형태로 소녀를 그리워합니다. 오빠의 무덤가에서 혼절하던 소녀를 바라보며 눈물짓던 장의 시선 역시, 영화 도입부에서 보이던 사물화된 눈과는 달라 보이고요. 처음 장의 시선은 인간과 소통하기 위한 감각기관의 것이 아니라, 물체의 효용가치를 감식하는 렌즈의 것과 같았으니까요.

오징어 안주에 술병을 들고 기찻간 남녀의 희롱을 곁눈질하거나 주소가 적힌 종이와 지도를 탐문자처럼 분석하던 우리는 여행길을 떠났던 우리는 영화 말미에 이르러 비로소 진정으로 소녀의 내면과 공명하는 애도의 과정에 이릅니다. 소녀가 뚜벅뚜벅 걸어서 앞에 나타나는 것이 우리의 기적이라 말하게 되고, 소녀를 환상을 떠올리며 재회를 기대하게 됩니다. 버스 안에서 우리들 중 누군가는 소리 내어 흐느끼기도 하고 차마 눈물 흘리지 못할 비통한 심경의 표정으로 침묵을 지킵니다. 그리고 삶이라는 버스에 올라탄 채로 이동을 지속하죠. 무관심에 대한 이 같은 자각과 호명의 행위에 착안하여 영화를 바라볼 때, 엔딩 장면의 내레이션은 더욱 의미심장합니다.

> "당신은 무덤가를 지날 때, 아니면 강가에서나 어느 거리 모퉁이에서 어쩌면 이 소녀를 만날지도 모릅니다. 찢어지고 때 묻은 치맛폭 사이로 맨살이 눈에 띄어도 못 본 척 그냥 지나쳐 주십시오. 어느 날 그녀가 당신을 쫓아오거든 그녀를 무서워하지도 말고 무섭게 하지도 마십시오. 그저 잠시 관심 있게 봐주기만 하면 됩니다."

앳된 소녀에게 성적 폭력을 가하면서도 시장 상인 앞에서 소녀의 옷 치수를 차마 말하지 못하고 떠나는 장은 분명 자신에 대한 가책을 두려워하고 있어요. 소녀에게 중년 부인이 입을 법한 원피스를 사 입히고 음식을 입에 넣어주며 파괴된 인간의 존엄성을 위장하는 모습은 가히 기만적입니다. 하지만 그렇게 거듭된 자기기만 끝에 장은 결국 미치고 맙니다. 환부를 지닌 대상을 인지하지 않은 상태라면 모를까, 어느 날 문득 마주하게 된 순간부터는 그 아픈 대상에 대해 어떠한 방식으로든 반응할 수밖에 없겠죠. 그것이 장씨의 경우처럼 가학적 거부의 형태로 나타나든, 조롱의 형태로 거리를 유지하든, 무감한 상태로 거리를 조절하든, 동정심에 일시적으로 거리를 좁히든 만남을 이룬 관계에서는 환부를 지닌 자의 문제에 공감과 반응의 형태로 개입할 수밖에 없을 겁니다.

그러한 점에서 위 내레이션 속 소녀는 우리 사회의 환부 자체를 말하는 것일 수 있겠죠. 잃어버렸거나 거리를 둔 무언가, 그것은 바로 우리의 양심일 수도 있겠고 80년 오월에 고립된 채 오명 속에 죽어간 광주일 수도 있을 겁니다. 소녀의 발화가 서사의 형태로, 특정한 의미를 지닌 소리로 들리는 순간은 그가 다 시들어버린 꽃잎을 손에 들고 찾아간 오빠의 무덤 앞 독백 장면에 있습니다. 소녀는 그동안 얼마나 할 말이 많았는지를 투정하듯 털어놓으며 오빠와 어머니를 잃고 잔혹한 사회 속에서 감내해왔던 공포의 순간들을 회상하는데요. 결국 그 소녀는 눈의 흰자위를 보이며 쓰러질 정도의 고통 속에서 몸부림칩니다. 떼도 채 자라지 않은 붉은 무덤들 사이에서 핏빛 붉은 치마 옷을 입고 쓰러져 울다 웃기를 반복하는 소녀의 모습을, 바로 멀지 않은 곳에서 장씨가 지켜보고 있었는데요. 그는 소녀의 환부를 인지하고 있지만 공감의 반응으로 문제에 개입하지 않는 관찰자일 뿐이죠.

영화 〈꽃잎〉은 그렇게 사회적 환부에 무관심했거나 망각을 시도해왔거나 환부를 환부아닌 것으로 위장해 온 이들의 모든 감각을 환부에 집중시켜 놓습니다. 마치 현미경의 관찰대에서처럼 현실 속 우리의 시야 앞에 광주의 오월을 옮겨 놓고 오빠의 무덤 앞 소녀의 자지러짐을 지켜보게 둡니다. 이 과정은 고문과도 같지만 그만큼 강렬한 외침이기도 합니다. 시선을 모으는 고함처럼요. 하지만 아직 어떠한 고발도, 비판도, 의미도, 구호도 제기하지는 않죠. 그것은 고개 돌리지 말고 이곳을 바라봐주라는 연대의 호소일 수도 있겠습니다. 의도하지 않았더라도, 이후 공론의 장에서 본격화할 오월의 의미화를 예비하는 단계에 진입하고 있기도 하고요.

하지만 아직 광주라는 장소에서 행해진 국가 주도의 시민학살이 광주 바깥의 장소에서 생명과 생존권에 대한 유린으로 인식되고 광주의 환부가 한국사회의 것, 인간의 것으로 이해되는 데 이르지는 않았던 것 같습니다. 그 폭력에 침묵으로 공조하거나, 죄책감에 고통받으며 장씨처럼 미쳐가거나, '광주=빨갱이'라는 프레임을 정치적 무기로 사용하거나, 그래서 다시 무력감을 학습해가는 사이에 마른 꽃잎을 든 숱한 소녀들이 지나쳐갔을 테니까요. 2000년대의 오월 영화에서는 그래서 더욱 다양한 입장의 발화자들이 오월에 대한 소리를 내기 시작하는 듯합니다. 광주 바깥에서 광주와 공명하던 지식인으로, 광주 안에서 광주를 사수하던 시민으로, 광주의 땅을 경유한 또 다른 희생자로서 진압군으로, 광주의 오월과 같은 시대를 살되 광주라는 환부 바깥 혹은 경계에 자리했던 한국사회의 일원으로, 각기 다른 시각과 입장에서 접속하게 된 광주와 오월을 이야기합니다. 즉, 2000년대 들어 오월의 의미는 더욱 입체적인 것으로 구성되는데요. 이제 「박하사탕」을 시작으로 한 21세기 오월의 이야기를 들어보시죠.」

8장. 구조화된 것들에 대한 항거

「2000년이라는 숫자 자체가 주는 생경함 때문일까요. 90년대 후반에 들어 다음 세기에 대한 기묘한 기대와 불안이 어지럽게 공존했던 것 같습니다. 자신의 일상 속에서 두 세기에 걸친 경험을 이어간다는 것도 묘한 느낌이잖아요. 하지만 특히 90년대 후반을 어떤 변화하는 경계로 감지하게 만들었던 것은 사람들의 관계를 잇고 정보를 공급하는 통신 기술의 대중적 보급 때문이 아니었을까 합니다. 90년대를 이른바, 정보 혁명이 본격화된 시기로 보는 관점에서 볼 때 말이죠. 예를 들어, 90년대에 공중전화 부스 앞에서 길게 늘어진 줄 사이로 사람들 간의 눈치싸움이 오고 가는 것은 흔한 일이었는데요. 동전을 한 주먹 쥐고 부스 안을 점거하듯 긴 통화를 하는 이들을 대상으로 간혹 몸싸움이 번지는 일도 있었죠.

모바일 전화기의 역사를 심도 있게 다루어보면 통신문화의 전개를 더욱 잘 이해할 수 있겠지만, 저 역시 기억할 수 있는 바로 90년대까지 사람들의 만남에 있어 광장이나 집 전화, 유선 전화, 메모, 어떤 장소를 이용한 전언 등은 아주 자연스러운 접속의 매개물들이었어요. 사람들이 많이 모였던 시가지 중심의 한 우체국 앞 계단을 '우다방'이라고 불렀던 것은 그 장소가 지녔던 당시의 의미를 보여줍니다. 어떤 연락책 없이 날짜와 시간만 정한 채 자신이 만나기로 한 이를 수많은 사람들 속에서 간추려보는 일이란, '우다방'의 의미를 알고 그 장소에 담긴 감성을 공유하던 이들에게는 특이할 것 없는 보편적 접속 방식이었던 것이죠. 이것은 한 장소의 장소성이 그 장소를 경유하고 그곳 위에서 자신의 삶을 어떠한 이야기로 만들어가는 이들에 의해 끊임없이 변화하는 것임을 보여주는 한 예이기도 합니다.

90년대 후반 들어 PC와 인터넷, 무선호출기, 휴대용 전화 등이 점차 상용화되기 시작했고, 정보통신기술에 대한 관심이 더욱 확산되면서 앞서의 접속 방식이 더욱 높은 속도와 더욱 개별화된 차원으로 변화해갔죠. PC는 가구별, 또는 개인별로 확보해서 사용하는 경우가 많아졌고요. 개인 이메일 계정으로 기존 플로피 디스크 등의 저장 매체를 대체하거나 소통을 하게 되는 경우가 많아지면서 인터넷 공간이 지니는 상업적 효용가치도 높아지게 됩니다. 종합적 정보를 하나의 사이트에서 확인하는 포털 사이트들이 다종으로 만들어지면서 그곳이 신문이나 현수막 등을 대신할 수 있었으니까요. 지금처럼 정밀하고 방대한 양상은 아니었지만 이 같은 새로운 온라인 접속 방식들이 현실의 장소와 관계에 관한 기존의 인식을 바꾸어가는 데 영향을 준 것은 분명한 것 같습니다.

생각해보면 1999년과 2000년은 1년이라는 숫자 하나만 더해졌을 뿐이잖아요. 하지만 그 간극에 선 당시의 사람들은 바로 다음 해에 다가오는 또 하나의 하루를 '새 천 년'이라고 부르며 변화 가능한 것들, 종식시키고 싶은 무엇에 대한 기대감을 지니고 있었던 것 같습니다. X세대라고 불리던 당시 20대 전후의 청년들은 헤어스타일, 옷차림, 화장법, 소품 등 외형의 측면에서도 파격적인 변화를 유행시켰죠. 높이 치솟도록 스프레이로 고정하거나 더듬이처럼 한 가닥만 턱밑까지 기른 앞머리, 10cm가 훌쩍 넘는 통굽 또는 하이힐 구두, 비 오는 날 허벅지까지 물이 스며 오르는데도 바닥을 쓸고 다니는 통바지, 가슴께를 겨우 가리는 상의나 형형색색으로 염색한 머리, 몸에 꽉 끼는 정장 패션, 한 줄로 진하게 그은 눈썹이나 두 배로 보이도록 그려 칠한 입술, 그 밖에도 많지만 문화적 측면에서도 인터넷 소설, 엽기유머, 그룹 음악 등이 인기를 얻는 등 기존과 다른 면이 부각되고 있었죠. 진지한 것이나 관행적인 것, 진부하고 감성을 경직시키는 것들로부터 조금 더 벗어나 사회의 측면보다 개인의 측면에서 해방감을 느끼고 싶은 요구가 강했던 시기가 아닌가 싶습니다.

이처럼 강렬하게 전환하여 새로워질 세상의 분위기를 열망하던 90년대 후반의 한국사회에, 사람들의 감성 에너지를 경직시키고 생존에 관한 위기감을 범지역·범세대적 층위로 확산시킨 위기가 발생했는데요. 바로 IMF 외환위기입니다. 포스트 오월세대, 한국의 7.80년대 민주운동사를 경험하거나 목도한 이들의 다음 세대가 청년기에 접어들어 사회에 대한 시각을 자신들의 방식으로 발현시키던 그 당시, 국가의 경제 체계 근간이 무너지며 노동환경과 기본소득이 보장되지 않게 된 상황에서 청년들은 개인의 생존을 위한 근거리 방어에 힘을 쏟아야 했죠. 학업, 취업, 결혼 등 자신의 부모로부터 이어진 삶의 형식적 절차에 진입하지 못하고 세대 차원의 자조감을 형성하거나 뜻 없이 무너져버린 이들이 다수일 수밖에 없었습니다. 아직 사회를 유지하는 방식은 가장 중심의 가족 체계인데, 그 동력이 차단되었거나 체계의 존속이 어려워지는 시기로 접어들고 있었던 것으로 보이죠.

특히 Y세대나 밀레니얼세대로 불리는 90년대 후반의 청년, 청소년 세대는 대학 진학률이 높고 다종의 매체를 복합적으로 수월하게 사용하기 시작했었는데요. 그만큼 더 많은, 시공간적으로 더 멀리 있는 정보들을 학습하고 이해할 수 있게 된 세대였죠. 즉, 이들은 서로 몸을 결집시켜 만나지 않더라도 가상의 공간에서 사람들의 의견과 입장을 가늠할 수 있는 온라인 감성이 발달하기 시작한 세대라고 생각해요. 동시에, 논리적으로 설명할 수 없는 정동의 작용에 대해 무관심해지고 관계에 의한 삶의 변화 가능성을 실험하지 않은, 아니 그러한 가능성을 신뢰하지 않게 된 세대, 사회적 감성이 둔감해지기 시작한 세대라고 말할 수도 있을 것 같아요. 이러한 성질이 90년대의 청년층이 보이기 시작한 분위기 속에서 발견되었다면, 그들의 삶과 교차하며 같은 시대를 살아가고 있던 이전의 청년층도 어떠한 발화를 건네고 있었겠죠. 이미 장년이 되었거나 되어가는 자신들 스스로에게, 혹은 새로운 청년들에게요.

80년대에 청년기를 보내온 이들은 90년대 후반에 이르러 정치적·사회문화적·감성적 변혁의 분위기와 함께 경제적 위기감, 생존과 부양이라는 책무 이행의 불가능성을 경험하게 됩니다. 영화 〈꽃잎〉이 전하는 바가 시선을 가진 자들을 환부의 장소로 호명하는 것, 지키지 못한 무엇에 대한 자책감을 스스로 두려워하지 말고 함께 모여 흐느끼자는 것이었다면 90년대를 지나 새로운 세기에 접어든 시기에 다시 발화하는 80년대 청년층(386세대)의 메시지는 애를 써도 지켜내지 못하는 것들에 대한 자조와 분노로 보입니다. 광주를, 함께 지상에서 살아가는 인간을, 민주주의를, 삶의 가치를 지켜내지 못했던 후회와 자책을 딛고 균열이 간 사회를 싸안으며 여전히 삶이라는 버스를 함께 타고 달려왔지만 또 다시 해일처럼 밀려온 위기에 무너질 수밖에 없음을 토로하는 것이죠.

이러한 점에서 이창동 감독의 영화 〈박하사탕〉(2000)은 우격다짐으로 밀려 들어오는 낯선 시공간 속에서 새로이 청년세대가 되어가는 이들과 공존하고 있었던 지난 청년 세대의 자기 서사 같습니다. 이 말은, 아직 그 시대 발화의 중심은 그들에게 있었다는 의미이기도 하고요. 자조의 형태이기는 하지만 그들은 자신의 세상을 자신이 선 그곳, 그 순간의 의미로 서사화할 수 있었던 주체였음을 의미하기도 합니다. 즉, 2000년대의 오월 영화는 이렇게 80년대의 청년 세대였던 이들에서 점차 90년대의 청년 세대로, 2000년대의 청년 세대로 발화 시점을 옮겨가는 양상을 보이는데요. 〈박하사탕〉은 오월의 당사자적 주체가 생애사의 형태로 자신의 세대를 호명하는 형태의

*출처: 다음 영화(https://movie.daum.net/moviedb/main?movieId=14)

마지막 오월 영화가 아닐까 싶습니다. 고발도, 비판도, 복수도, 회복도, 확인도 아닌 자기 고백의 과정. 〈박하사탕〉이라는 영화까지, 오월은 과거나 역사가 아닌 현재로 당대 사람들의 내면에 살아있었다는 게 느껴집니다. 누군가는 아직 '잘 산다는 것이 어떤 것인가' 류의 발화를 들려주는 것이 필요했고, 그러한 요구가 당대를 살아가던 자기 자신의 것이었음이 영화의 흥행과 수상 실적으로도 입증이 됩니다. 〈박하사탕〉은 어떠한 가치를 위해서가 아니라 자기 자신의 인생관에 의해 오월을 기억할 수밖에 없는 이들의 자기 고백이자 자기 서사인 것이죠.

주인공인 영호가 달려오는 기차 앞을 막아선 채 토해내듯 외치는 말에는 자신의 뜻대로, 혹은 자신이 선택한 방향으로 달리지 못한 삶을 우격다짐으로 밀고 나가는 세상에 대한 분노를 담겨 있어 보입니다. "나 다시 돌아갈래!" 시작도, 선택도, 경과도 결과도 자신이 뜻을 지키지 못한 것이었다면 그때 선택할 수 있는 삶의 방법은 무엇일까요. 영호는 위태로운 선로 위 돌진하는 기차 앞에서 죽음을 택하는 것처럼 보이지만 사실 그것은 죽음을 불사하는 새로운 삶으로의 전환을 의미할지 모릅니다. 영화의 끝이 사실 영호의 가장 아름다웠던 삶의 도입이었던 것처럼요. 항거하듯 두 손을 들고 크게 외치는 그의 장면은 돌아가거나 변화시킬 수 없는 삶의 구조를 깨뜨리는 것, 분노의 에너지로 지금껏 경험하지 못한 가장 강력한 저항을 실현하는 것, 후회하는 삶의 단면을 뒤적여 결국 지향할 수 있는 가치를 찾아내는 것으로 보이기도 합니다.

하지만 그 강렬한 저항이 내면에 자리한 자아의 범주에서 이루어지고 마는 것은 아쉬운 점이었죠. 한 편의 영화가 다종의 주제를 전달하기를 기대하는 것이 적절하지 않은 것이겠지만요. 영호의 삶이 흐트러지게 된 다른 조건들, 사회구조나 직장문화, 계급 질서, 군대의 맹목적 폭력성 등이 갈등의 서사 맥락에서 비껴 있어 영호의 자아만큼 조명되지 않고 있죠. 80년대 이후 〈박하사탕〉까지의 오월 영화가 오월의 당사자적 서사를 들려주며 또 다른 당사자들을 호명하고 있다는 특징이 있다면, 그 해법과 미해결의 책무 역시 당사자 범위 내에서 찾아내도록 몰두하고 있는 점도 특기할만한 부분 같습니다. 여전히 그들은 괴로워하고 있었던 것이죠. 오월, 민주주의, 양심을 떠올릴 때마다 자신의 현재를 도주, 죄, 타락과 동일시하면서요.

이러한 감성은 영호의 죄의식이 연유한 사건의 장면에서도 확인해볼 수 있습니다. 신병이었던 영호는 계엄령 이후 영문을 모른 채 광주로 긴급히 이동하게 되고, 전시를 방불케 하는 긴장감과 부상 속에서 한 여고생을 오발로 살해하게 됩니다. 집에 가야 한다며 살려달라고 애원하는 여고생의 얼굴이 첫사랑인 순임과 교차하는 순간 영호는 명령체계에 대한 복종과 인간의 자율 의지 사이에서 두려움의 형태로 혼란을 느낍니다. 어떠한 판단도 내리지 못한 채 공황 상태에 빠져들던 두 사람, 영호와 여고생의 몸은 그 공포 속에서 뜻대로 움직여주지 않았고 여고생의 죽음과 함께 영호의 정신은 함께 파괴되기 시작합니다.

> "야… 일어나야지… 응? 집, 집에 가야지… 그만, 엄마한테 혼, 혼난다며. 이, 일어나. 어? 집에, 집에 가야지. 빨리이. (흐느낌)지, 집… 으흐흐흐흑… 이… 일어…으흐흐… 으흐흐…(절규)"

〈박하사탕〉은 〈오 꿈의 나라〉(1989) 이후 오월 영화에서 볼 수 없었던 진압군의 시각에서 오월을 비추며 복종의 파괴성에 대한 발화를 전달하고 있기도 한데요. 오월의 당사자이자 피해자로서 광주 진압군을 포괄한 영화는 이후 포크레인(2017)이라는 영화에서 본격적으로 다루어지고 있기도 합니다. 하지만 2000년대 초입까지는 광주에서 자행된 생명 유린에 대한 분노와 애도가 오월을 현재형으로 만들고 있었고, 진압군 역시 전체주의적 광기와 이데올로기 권력에 의한 희생자임을 차마 말할 수 없었던 시기였을 겁니다. 그렇기 때문에 비판보다는 죄의식의 코드를 선택했을 테고, 그렇게 80년대를 살아갔던 청년 세대의 여러 자화상을 하나의 영화에 담아낼 수 있었던 것 같아요.

2000년대 이전의 오월 영화들이 주로 광주의 진상을 비추고 고발하거나 한국사회의 민주화과정에서 짓밟힌 생명에 대한 애도, 퇴색하거나 소실되어 가는 혁신의지와 자조감을 주로 담고 있었다면 〈박하사탕〉 이후 2000년대 오월 영화들에서는 보다 다각적인 측면에서 광주의 그날을 바라봅니다. 그러니까, 오월은 여기서 점차 1980년 5월 계엄령 이후 광주라는 장소에 자리하고 있었던 이들만의 사건이 아니라 하나의 텍스트가 되어갑니다. 이후 오월 영화에서는 그 장소, 그 사건과 어떠한 방식으로든 연결되었던 이들의 관점에서 입체적으로 오월을 재-사유하게 되면서, 광주의 오월이 우리 모두에게 무엇을 남겼으며 우리는 지금 무엇을 발화해야 하는가 하는 고민이 드러납니다.

2007년에 이르러 오월의 이야기를 매개하는 세 편의 영화들이 관객을 만났는데요. 김지훈 감독의 〈화려한 휴가〉, 임상수 감독의 〈오래된 정원〉, 김현석 감독의 〈스카우트〉가 그 영

*출처: 다음 영화

(https://movie.daum.net/moviedb/main?movieId=43420)

화들이죠. 이 중 〈스카우트〉는 1980년 5월, 우연히 광주에 출장차 방문하게 된 대학 야구부 직원의 시선에서 광주의 오월을 비추어냅니다. 정확히 말하면 영화의 초점은 광주나 오월이 아닌 야구 신인 발굴기에 놓여 있고 당시의 시대적 분위기를 그려내는 데 광주를 배경으로 하고 있는 것처럼 보입니다. 그 시대의 배경 속에는 민주화에 대한 열망을 실천하던 이도 있었고, 그러한 실천을 현재가 아닌 '한때'의 경험으로 정리해버린 이도 있었으며, 민주화운동의 에너지를 운동경기에 대한 열기로 환치하는 국책 과정에서 또 다른 계급 질서 구조 속에 편승한 이들도 있었죠.

〈스카우트〉의 주인공 호창은 스타 야구선수를 자신의 야구부로 섭외해오기 위해 고군분투하는 과정에서 자신의 옛 연인과 옛 경쟁자, 옛 기억을 만나게 됩니다. 그에게 광주는 아주 잊은 줄 알았던 자신의 이십 대 대학 시절을 환기하고, 무언가 망각하고 있었다는 사실조차 새롭게 깨닫게 되는 장소이죠. 이때의 광주는 다른 장소들과 다를 것 없는 지리적 위치로서 방문지일 뿐이지만 이곳에서 벌어지는 일들, 마주하게 되는 관계들은 호창을 더 이상 피할 수 없는 자기 대화의 순간으로 끌어당깁니다. 이 영화는 광주와 오월을 당사자적 입장에서 바라보거나 전격적으로 그것을 조명하거나 관념적 차원에서 가치와 의미를 암시하거나 하지 않아요. 오히려 폭력과 지배적 질서에 대해 무관심할 수밖에 없었던 이들의 시각에서 평범한 장소로서 광주를 바라보고, 그 평범함에 난입하는 파괴적 힘에 당황하며, 이십 대에 미처 알지 못했던 가치와 떠나보내야 했던 연인의 숨겨진 고뇌를 발견합니다.

여기서 광주와 오월은 '어떻게 살아야 잘 사는 것인가'에 대해 각자의 방식으로 말하기 위한 하나의 예시문이자 '생각하는 의자' 같은 것이죠. 광주와 오월을 이 영화에서처럼 일종의 매개적 텍스트로 보면, 어떤 이는 이를 통해 80년 당시를 생생하게 환기하며 존재의 동시성을 느끼고 어떤 이는 당대 5·18이 없었던 광주를 상상해보기도 하며 어떤 이는 그 장소를 의자 삼아 오늘의 삶을 성찰한 후 다시 현재의 장소로 걸음을 옮길 수 있겠죠. 즉, 각기 다른 방식으로 광주를 횡단하는 겁니다. 이렇게 〈스카우트〉는 광주의 장소성을 규정하지 않은 채, 광주라는 장소와 접속하는 새로운 방식을 선보이고 있습니다. 80년 당시 광주라는 장소의 평범성이 오히려 시대적 비극성을 강조하고, 민주주의에 무관심한 주인공의 사유가 오히려 소리 없는 자기부정 속에 살아온 수많은 이들의 사유를 자극하고 있다는 점에서 이 영화를 단지 코미디 장르로 한정할 수는 없었어요.

*출처: 다음 영화(https://movie.daum.net/moviedb/main?movieId=41476)

그런가 하면 〈오래된 정원〉에서는 광주를 더욱 배경화 하면서 현실 바깥으로 관념화된 민주주의를 아프게 꼬집습니다. 주인공 현우는 어떤 계급적 원한 감정을 가진 자도, 가난에 찌들어 노동과 분배의 부당함에 분노하는 자도, 국가폭력의 현장에서 차마 통곡하지조차 못한 채 시신과 함께 경악하고 있는 오월의 당사자도 아닌 존재입니다. 그는 광주의 오월을 경유하여 자신의 이념적 투쟁을 실천하는 이, 한국 사회의 재구조화 과정에 참여한 이권 집단의 후속 세대, 정의를 점차 관념적이고 맹목적으로 바라보며 실체적 관계에 집중하지 못하는 이, 현실적 생존을 타인에게 의지하며 행복이라는 보상을 기약 없이 지연시키는 이로 그려집니다. 그러니까 이 영화에서 오월을 바라보는 시각은 죽음을 불사한 이들의 것이 아니고, 결국 죽음을 맞이한 이들의 것도 아니며, 노심초사 그들의 죽음을 염려했던 관계들의 입장에 있다고 봐야 할 것 같아요.

그가 수배를 피해 있도록 도움을 준 미술 교사 윤희는 좌익 지식인 아버지를 먼저 보내고 홀로 딸을 키운 어머니의 삶을 재현하게 되는데요. 윤희는 그러한 아버지의 딸로, 현우의 연인으로, 자신의 작업실에 숨겨준 운동가 후배의 언니로, 그 후배로부터 파생된 또 다른 관계들의 지원자로 민주주의의 그늘 속에 살아갑니다. 아버지의 투쟁 과정은 윤희에게 기억조차 없고, 현우의 싸움은 자신을 후순위로 밀려나게 하며, 후배와 그 동료들의 싸움은 그저 논쟁뿐인 것처럼 공허합니다. 후배들의 논쟁을 지켜보던 윤희는 이들이 점차 근원을 알 수 없는 투쟁의 물결에 표류하고 있는 것처럼 느끼는 것 같아요. 그들은 조직의 선두에서 전략과 전술을 구상하고 민주주의를 쟁취하기 위한 길에 자신의 삶을 투사하는 것으로 여기지만 한 인간으로서 그의 곁을 지니는 관계들에게 그 투쟁의 시간은 불가피하게 선택하게 된 외로움과 상처로 채워지죠. 그것을 감내하고 있는 근거리의 이들을 인식하지 못하고 어느 방향으로, 어디까지 표류해야 닿을지 모르는 관념적 가치를 향해 걷다 방황하는 이들에게 윤희는 이렇게 일갈합니다.

> "야. 너 거기 누워봐. 거기 미경이 자리에 누워보라고 이 자식아! 미경이가 어땠겠냐. 얼마나 뜨겁고… 얼마나 무섭고… 얼마나 외로웠겠냐…."

누워서 흐느끼며 자신의 얼굴에 침을 뱉는 후배를 질타하지만 윤희는 결국 그들의 곁을 지키는 관계의 범주 속에 있습니다. 밥과 술을 사주고, 잘 곳과 쉴 수 있는 시간을 마련해주면서 눈에 보이는 민주주의의 싸움 뒤편에 자리해 있죠. 이러한 점에서 영화의 제목인 〈오래된 정원〉은 현우를 비롯한 이들이 거닐 수 있는 마당, 나무를 심어 가꿀 수 있는 토양, 삶이 가능한 거처로서 물리적 공간이자 그러한 의미로 존재하는 관계들을 가리키고 있는 것 같습니다. 때 묻고 오랜 관계, 미처 쓸고 닦지 못했던 툇마루 같은, 자신의 존재 의미를 지지하고 지원하며 결국 소멸해 간 존재들 말이죠.

결국 이 영화에서 광주와 오월을 조명하는 시각은 당사자나 관찰자, 장소의 경계나 주변에 자리한 자의 것이 아니라 당사자 근거리의 관계에 놓인 이들의 것이라 봐야 할 것 같습니다. 진압군의 곤봉과 군홧발 앞에 선 생면부지의 학생을 내 아들이라 외쳤던 아주머니, 도청을 사수하는 시민군들에게 먹을거리를 들려 보내던 사람들, 상무관 건물 안에 열을 지어 안치된 태극기 속 시신들 앞에서 카메라를 들고 고발을 도모한 푸른 눈의 목격자, 오래된 정원은 바로 이 같은 이들을 포괄하죠. 광주나 오월로 상징되는 인권의 가치 앞에 어떠한 명예와 실권이 없이 실재의 인간을 지켜온 이들이 그들입니다. 가족, 연인, 동료, 가까운 이웃과 같은 이름들이죠.」

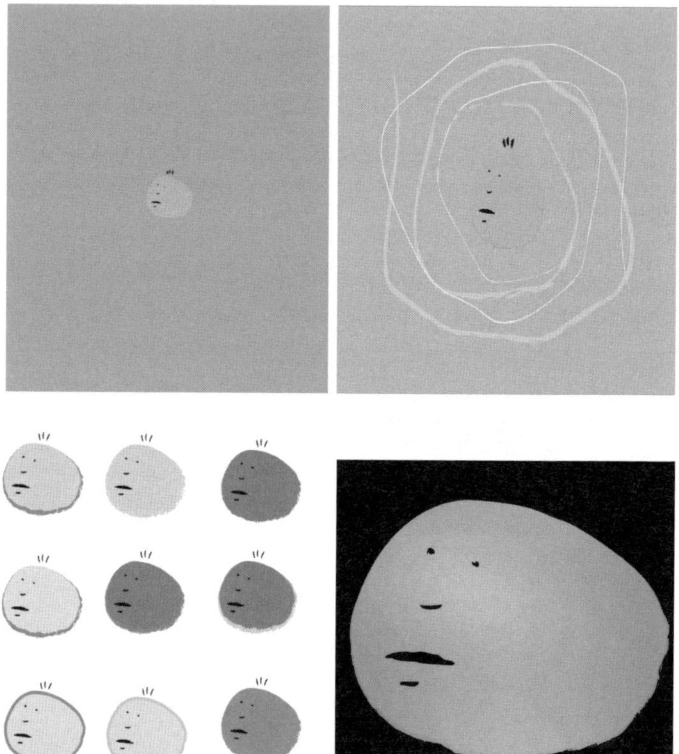

*삽화 - 이홍범, 〈작은 똥〉 시리즈(2019)

9장. 인간의 최우선적 가치

「한편 영화 〈화려한 휴가〉에서는 광주라는 장소의 내부에서, 그리고 당시 광주시민의 당사자적 시각에서 광주의 오월을 발화하고 있는데요. 물론 이전의 오월 영화들이 광주와 오월을 당사자적으로 표명하지 않았다는 것은 아니지만, 이 영화는 바로 광주라는 장소를 삶의 터전으로 삼아 일구던 일상 속에서 오월이라는 사건을 직접 체험해야 했던 신체적 당사자들의 시각을 비추어냅니다. 그들의 발화는 비교적 간명하고도 명백하죠.

'우리는 폭도가 아니다.'

영화의 도입부에서는 오월의 상황 속에 놓인 이들의 각기 다른 입장을 보여줍니다. 똥을 밟은 신발로 택시에 탄 양아치는 택시의 기사에게 세차비를 물어내기는 커녕, 오히려 똥 묻은 신발로 기사의 가슴을 짓이겨 밟죠. 사태에 대한 책임 대신 폭력으로 응대하는 자의 뻔뻔함을 조롱하고 있는 장면이기도 합니다. 하지만 그는 후에 기사와 '생명의 존엄성을 매개로 이어진 이웃 또는 전우의 관계'를 구축하죠. 도청 최후 항전을 앞두고 세탁비를 갚기도 하고요. 양아치만도 못한 학살자의 후안무치를 드러내는 컷이기도 합니다. 마을에서 텔레비전을 공동 시청하는 장면에서는 드라마 시작 직전, 시청료의 명목으로 돈을 걷는 주인에게 아까의 택시 기사가 '못 본 만큼 돌려주라'는 핀잔을 하는데요. 이에 주인은 오히려 "쪼잔한 놈"이라고 응수합니다. 크고 작은 단위의 관계 속에서 이루어지는 삶의 단면을 비추며 오월 안에 감추어진 부당성의 문제를 광주라는 장소의 경계의 바깥으로 확장시키고 있어요. 일상 속에서 특수를 말하는 것, 이것이 이 영화가 오월을 발화하는 방식인 것 같습니다.

한편 이 영화는 '주적'이라는 개념을 차용하며 과연 5·18이라는 이 전쟁의 목적이 무엇인가 하는 점을 묻습니다. 계엄령에는 위기가 있어야 하고 군인이 투입된 전쟁에는 제거할 표적, 바로 전쟁의 목적이 있어야 하니까요. 그 의문을 표면화하

*출처: 다음 영화(https://movie.daum.net/moviedb/main?movieId=41925)

는 과정에서 '화려한 휴가'라는 작전명으로 암호화된 전쟁의 비밀을 고발하고 있기도 하죠. 군 병력이 투입된 분명한 전쟁, 영화는 살육의 현장과 유린된 생명의 처절함에 매몰되지 않고 비교적 의연하게 그 의문을 제기해놓고 있습니다. 대장 최순기는 "우린 북으로 간다! 빨갱이에게 본때를!"이라고 말하지만 공포에 질린 한 병사는 "우린 남으로 가고 있어…"라고 독백합니다. 진압을 위해 이동하고 있는 계엄군조차 자신의 투입 목적을 이해하지 못하고 있는 점에서, 영화를 보는 이는 계엄군과 시민 사이에 서로의 눈을 가린 제3의 존재가 있다는 사실을 발견하게 됩니다. 시민과 진압군 모두 무엇을 위한 생명의 유린인지 알지 못한 채, 생존을 위한 살육의 패턴 속에 갇히고 맙니다.

하지만 이러한 패턴 바깥으로 향하는 힘 역시 존재합니다. 공수특전단 대령 출신 예비역으로 택시회사를 운영하던 사장 박흥수는 그 감추어진 살육의 고리를 이해하고 있는 듯합니다. 관념의 층위에 맴돌던 그의 고뇌는 결국 전일빌딩 옥상 위 기관총 사격과 같은 신체적 행동으로 발현되죠. 주 타격목표가 도청임을 알리는 후배 군인은 그와 유사하게 딜레마의 층위에 갇혀 있다는 점에서 공명하는 점이 있지만 전체주의적 질서 속에 무력한 자로 머물러 있습니다. 한편, 딜레마 없이 스스로 또는 목적에 의해 자신과 타인의 관념을 조종하는 자 역시 존재하죠. "독안에 든 쥐 몰라? 숨통을 조이면 말라 죽게 돼 있어!" 대장 최순기의 이 같은 발화는 목적을 위한 군이 존재하는 것이 아니라 군의 존재를 위해 목적이 만들어질 수 있음을 보여주기도 합니다. 그에게 왜 광주가 독안인지 광주의 시민들이 왜 독안에 든 쥐인지 하는 이해는 필요치 않아요. 그저 살육이라는 목적과 그에 대한 집착만이 드러날 뿐이죠.

이처럼 이 영화는 오월의 하나의 전쟁으로 바라보며 전쟁의 당사자로서 군인들의 시각을 다각화하여 보여주기도 합니다. 시민군의 주적 개념 역시 모호한 상태로 그려집니다. "5일만 버티면 우리가 이긴다!" 최후 항전 전 한 시민군은 이렇게 말하는데요. 누구를 이기는지, 시민군의 적이 국가인지 계엄군인지, 혹은 사상적 대척점에 있는 무엇인지 특정되지 않습니다. 주적을 명료화할 때 자신의 정체성과 상황에 대한 입장도 함께 확립될 수 있을 텐데 바로 이 부분이 드러나 있지는 않습니다. 단, 다음과 같은 장면에서 그 적이라는 것을 유추해볼 수 있을 뿐인데요. 광주 내부에서 적은 표적으로 설정된 것이 아니라 침입한 누군가에 의해 시작된 전쟁 자체이자 전쟁의 과정에서 점차 생성되었던 것이라 생각하게 됩니다.

수레 위 두 구의 시신을 본 시민들은 무고함, 슬픔, 두려움 등의 감정에서 점차 분노의 감정을 경험하게 됩니다. 공포를 피하려는 피동적 정서를 맹렬하게 저항하는 능동적 에너지로 전환시키는 것이죠. 수레 위에 짐짝처럼 널브러진 인간의 육신을 본 순간은 이러한 전환을 촉발시킨 하나의 사건이 되고 있었습니다. 인간의 생명은 어떠한 위기 앞에서도 지켜져야 한다는 것, 인간의 생명이 그 무엇과도 바꿀 수 없는 최우선적 가치라는 것, 이 상식의 패러다임이 깨졌음을 신체적으로 자각한 순간 도청 앞 광장은 공분의 공감장으로 변환됩니다. 2014년 세월호의 침몰과 구조 과정을 두 달여 간 지켜본 국민들의 각인 과정에서도 이러한 신체적 자각이 체현되었던 것 같고요. 수레와 침몰선 앞에서 소리 없는 시민들은 "이것이 국가인가"의 물음을 삼키고 있었던 것이죠.

도청 앞으로 향하는 고등학생들을 막아서던 선생님은 결국 치약을 학생 진우의 눈 밑에 발라줍니다. 공분과 저항의 힘은 광주의 내부에서 자생적으로 만들어졌고 이를 제지하는 대신 지지할 수밖에 없음을 광주의 시민들은 스스로 확인하고 있었죠. 생명에 대한 위협에 자신의 안위와 사회적 질서를 지켜낼 수 있었던 순간, 새로운 폭력에 당위성을 부여하는 논리가 개입됩니다. 바로 '광주=빨갱이'의 도식, 이데올로기적 프레임을 활용한 언론 시스템이 작동하며 군 권력을 엄호하게 됩니다. 계엄군의 곤봉과 대검을 꽂은 총기에 시민군은 무기고 탈취와 버스 돌진 등으로 대응하지만 군은 대시민 총기 난사와 헬기 사격 등으로 대응 강도를 높여 가죠. 즉 학살의 과정 속에는 맞작용하는 힘의 움직임을 보여주는데요. 공권력은 언론이라는 무기를 독점하며 항쟁의 양상을 원인 없는 테러, 폭도의 공권력 위협 행위 등으로 규정합니다. 이러한 흐름에서 대장 최순기는 빨갱이 진압에 시민 진압의 수위가 무관하다는 주장을 펼치고 조준 발포와 탱크 투입을 불사하죠. 광기와 그릇된 신념이 상식과 공분을 무시하고 눈앞을 가릴 수 있음을, 더불어 국가 정세와 사람들의 인식을 기형적으로 뒤바꾸는 파괴력을 지님을 보여주는 부분입니다.

한편, 탱크 진압을 강행하는 계엄군에 시민군은 다이너마이트tnt로 대응하려 합니다. 그러나 광주시민들은 폭도로 여겨지는 것을 가장 경계했죠. 실제 광주의 오월 열흘 간의 항쟁 속에서, 무장한 시민들과 도청을 중심으로 한 해방구가 지속되는 동안 단 한 건의 강간, 살인, 절도 등의 사건이 발생하지 않았음을 주목할 필요가 있는데요. 그것은 우리가 폭도가 아니라는 강력한 발화의 한 표현태로 보아야 합니다. 생명권 존중과 정치적 자유를 우선적 가치로 두고 있음을, 우리 역시 이를 수호하는 국가의 일원임을 천명하려 한 것이죠. 최후 항전 시 도청 앞 장면에서는 "간첩자수 및 신고기간"이라 쓰인 현수막이 보이는데요. 시민들은 계엄군과 대치하면서도 흘러나오는 애국가 소리에 도열하고 가슴에 손을 올려 제창을 합니다. 하지만 여기서 애국가는 종료시 사격을 개시하는 신호이자 국가의 배신을 함축한 기호였죠.

"죽어서 실려오면 어떡할 수가 없잖아. 구급차로 갑시다."

속수무책으로 죽어가는 병동의 부상자들 앞에 망연자실하던 의사는 야전의 현장으로 달려갑니다. 하지만 계엄군은 피흘리는 환자를 구조하기 위해 백기 투항하는 의사를 정조준하고 그를 사살하고 말죠. 폭도로 규정된 시민들을 구조하는 의료인 역시 폭도로 연쇄 규정되었던 것이죠. 현장 구조를 나선 보훈병원 구급차는 군 병원, 국가 권력의 상징으로 볼 수 있습니다. 그러나 이 상징은 시민들이 대치하고 있는 국가의 상징과 명백히 다르죠. 오월 항쟁의 순간, 그 생명 투쟁의 자장 안에서는 분명 계엄군과 대립하며 국민을 수호하는 또 하나의 국가가 존재하고 있었어요. 이에 반해 군 진압 대장 최순기는 군 병력을 '보험도 필요 없는 군사력', 즉 소모품으로 여기고 있음이 드러납니다. 인권에 대한 신념과 생명을 도구적 가치화하는 관점이 대립하는 순간, 시민들은 군의 폭력성을 무력화하기 위한 무장을 시도하고 있는 것이죠. 평화로 응수할 수 없는 폭력적 관념, 그것과의 대치는 과연 무엇으로 평화를 지킬 것인가 하는 화두를 던지게 합니다.

영화의 말미에서는 그 화두에 대한 모종의 대답을 들려주고 있는 것 같기도 한데요. 퇴역군인 박홍수는 자신의 회사 직원이자 딸의 연인인 민우에게 항전지 밖으로의 도피를 제안합니다. 민우는 연인인 신애와 쫓기듯 도피하다 결국 신애만을 내보낸 채로 도청으로 돌아오죠.

"우린 폭도가 아니야, 이 개새끼들아!"

그는 도청 함락 후 투항하는 자신에게 총을 연사하는 계엄군 앞에서 이를 외치며 쓰러집니다. 죽음으로 시작되고 끝내 죽음으로 종결되고 마는 그 싸움의 여정을 따라 영화는 수많은 광주 시민들을 관찰할 수 있도록 합니다. 청소년, 대학생, 지식인, 교육자, 어머니, 고아, 의료인, 종교인, 예비군, 양아치, 구두닦이, 넝마주이, 지적장애 자녀를 둔 아버지, 운전기사, 신부 등의 목소리를 들려주면서요. “우리는 폭도가 아니다.” 광주시민의 항전은 폭도들의 난립 또는 정치이데올로기에 의한 쿠데타가 아니었음을 분명한 목소리로 발화하는 것, 이 목적의식이 이 영화를 관통하고 있습니다.

> “사랑하는 광주시민 여러분, 우리를 잊지 말아주세요. 제발 우리를 기억해주세요!”

방송차량에서 들려오는 호소의 소리에는 생명의 가치와 그 인권의 마지노선을 침범당했을 때의 인간이 느끼게 되는 분노와 공포가 점철되어 있는 듯합니다. 동시에 그것은 폭발하는 감성이 만들어내는 혁명적 에너지를 직관적으로 알아차리게 합니다. 그 에너지가 또다시, 죽음 속에서도 기억 투쟁의 단초를 마련하거나 목숨을 걸고 생면부지의 사람들을 엄호하는 용기로 환원되었던 것일 테고요. 그렇기 때문에 광주와 오월의 동시성 체험이 불가했던 수많은 광주 바깥의 동시대인, 그 공분의 자장 속에 놓이지 않을 수 있었던 포스트오월세대에게 오월은 이해하거나 공감하기 어려운 상상의 장소 속에 놓여 있을 겁니다. 하지만 오월은 이처럼 다각도의 발화를 수렴하며 포스트-포스트오월로 이어지는 과정을 지나, 오히려 트라우마 없이 학살을 비판할 수 있는 세대 앞에 서게 됩니다. 학살자를 직접 단죄하기 위해 부모 세대와 공조하는, 가령 〈26년〉(2012)의 2세들 말이죠.」

10장. 공조하는, 혹은 관계 맺는 이들

「2000년대까지의 오월 영화들을 살펴볼 때, 광주는 5·18이라는 하나의 역사적 사건이 발생했던 장소 이상이 되고 있었는데요. 다시 말하지만, 오월과 함께 이야기되는 광주는 단지 지정학적 위치 또는 행정구역으로의 장소로만 볼 수는 없다는 생각이 들어요. 그때 그곳, 80년 5월 광주에 어떠한 경로로든 접속하게 되는 여러 사람들의 시각에서 광주는 제각기 그들이 자리한 그들의 '지금 이곳'에서 다시 발화되고 있었잖아요. 이때의 광주는 단지 광주라는 지정학적 경계 안에 일상을 얹은 사람들만의 도시가 아닌 게 되죠. 오월을 둘러싼 한국 사회의 고뇌가 광주가 아닌, 서울, 대전, 부산 등지에 담기면 그것은 서울의 오월, 대전의 오월, 부산의 오월이 됩니다. 그 안에 담긴 생존철학과 투쟁의 의식은 광주의 그것과 마찬가지인 채로요. 80년의 5·18이 광주가 아닌 다른 장소, 다른 시기에 생긴 일이었다 해도 40년 이상을 이어 온 오월의 사회적 담론은 다를 수 없었을 겁니다. 오월은 광주만의 특수성을 나타내는 것이 아니니까요.

그것은 한국 사회의 모든 우리가 현재에서 현재를 이어 발화하고, 기억으로 보존하며, 인간적 가치들이 서로 충돌하는 딜레마적 상황에서 지혜와 논리를 얻기 위한 역사적 텍스트인 것이죠. 이것은 광주와 오월이라는 이름을 빌리고 있을 뿐, 한국 사회라는 공통체가 만들어 온 인식과 감성 측면의 공공재라 할 수 있습니다. 이처럼 하나의 사건이 사유를 위한 텍스트로 변용될 때, 오월을 현재화하는 것이 가능할 것이라 생각해요. 아니, 현재화를 위해 텍스트로 변용하는 것이 아니라 사유를 위한 조건으로 오월을 호명하며 차츰 텍스트화의 과정이 이루어졌고요. 현재화는 호명하며 오월과 접속되는 그 현상 자체의 성질을 말하는 것이라 보아야 정확하겠죠. 광주를 광주 안과 밖에서 끊임없이 낯선 것처럼 바라보고 현재적 의미를 찾아보는 일은 오월을 정치적 이권으로 보상하며 거래상품화하는 오명에서도, 한국전쟁의 비극을 이용해 국민을 이데올로기적 범주 안에 타율적으로 규정하고 또다시 상잔시키는 국가폭력에서도 해방될 수 있는 실천이 될 것이라 봅니다.

요지는, 한국 사회의 현대사 흐름 속에 살아온 사람들이 공존을 위해 필요한 가치를 떠올릴 때 필요한 사유의 공간으로 광주가 인식되어감을 발견할 수 있었다는 건데요. 하지만 여기서 궁금해지는 것은, 오월이라는 그 텍스트의 장 안에 접속하게 되는 사람들은 차츰 시간에 의해 밀려나는 기억과 감성의 편차를 지니게 될 텐데요. 말하자면 오월세대와 포스트오월세대, 혹은 비오월그룹, 반오월그룹 등이 오월이라는 텍스트를 공유하고 광주라는 장소에서 교차할 수 있을 텐데요. 그러한 경우에 무관심이나 반목, 충돌, 냉소처럼 파괴를 재생하는 에너지로 귀결되지 않고 현재를 더욱 살만한 것으로 만드는 지혜를 발견할 수 있는 방법은 어떤 것일까요. 사람들은 끊임없이 인권, 민주, 평화 등의 인간적 가치에 주목하고 그것을 발굴할 수 있는 장소와 관계, 서사에 접속해왔는데요. 다종의 장소에서, 다종의 서사를 지닌 이들이 오월이라는 결절지점에서 만나는 장면은 영화에서 어떻게 그려질지 궁금했습니다.

2010년대 들어 사회 속에 공유된 오월 영화들은 그러한 의문에 대해 다채로운 대답을 던지고 있는 것처럼 보였는데요. 이전의 오월 영화들이 어떠한 시대의식과 오월에 대한 특정한 시각을 반영하고 있는 것으로 간추려볼 수 있는 것이었다면,

2010년대에는 곳곳에서 터져 나오는 다양한 발화가 각기 그 시각을 달리하고 있었거든요. 하지만 아울러 보자면 이 영화들은 오월이 아닌 국가를 향해 말하고 있는 것 같기도 합니다. 오월을 향해 있는 시각, 오월을 말하던 입이 어느새 국가를 향한 것으로 귀결되는 것을 보고 있자면 그 엄준한 국민적 분노가 국가를 판결대 위에 올려내고 있구나 하는 생각이 들기도 하고요.

국가와 국민은 불가분의 동일체이거나 낱낱의 국민으로 이루어진 집결체가 곧 국가라는 이름으로 명명되는 것일 텐데요. 일부가 전체인 것처럼 자기파괴적으로 작동할 때 전체로서 신체는 환부에 의해 고통받거나, 환부를 치료하거나, 고통의 발생 환경을 변화시키거나, 재발하는 경우를 대비해 면역체계를 갖추게 되죠. 이에 비추어 말하자면 비근한 오월 영화들의 흐름은 환경 비판과 면역체계 구축의 단계로 접어들고 있는 과정처럼 보입니다. 그 흐름을 단순히 연대기적으로만 구분해서는 안 되겠지만, 그것은 가령 치명적인 고통에 신체의 환부조차 자각하지 못했던 80년대, 고통을 감지하고 환부를 발견해가던 90년대, 환부를 둘러싼 유기적 신체의 자각과 자가치유가 이루어지던 2000년대를 이어온 결과인 것으로 보인다는 것이죠.

*출처: 다음 영화(https://movie.daum.net/moviedb/main?movieId=43688)

그렇다면 인간적 가치의 담론을 구성하는 공간, 오월 광주의 자장 안에서 다종의 사람들이 오월이라는 텍스트를 거쳐 국가를 향해 발화하는 양상은 어떤 것일까요. 강풀 만화 원작, 조근현 감독의 2012년 영화 〈26년〉에서는 그 양상이 오월의 당사자와 그 후속 세대의 공조 형식을 띱니다. 이 영화에서 공조의 형식을 띤 만남의 목적은 바로 학살자의 단죄에 있어요. 이들은 광주 5·18 당시 아버지를 잃은 자식들, 남편의 죽음에 치명적 내상을 입은 여인의 아들, 아내를 잃고 실어증에 걸린 채 고통받다 사망한 아버지의 딸, 이들은 오월 당사자의 후속 세대들입니다. 이들은 오월을 직간접적으로 경험한 오월 이후 세대들이라는 점에서 추상적 담론 공간으로 오월에 접속하는 포스트오월세대와는 구별되는 부분이 있죠. 당사자 가족의 오월에는 인간의 보편적 가치와 개인의 특수한 의미가 함께 또는 교차하며 담기게 될 테고, 그러한 점에서 이들은 보편적인 동시에 특수한 시각을 지니고 있을 겁니다. 하지만 그들이 오월을 인간적 가치를 탐색하는 하나의 텍스트로 바라보든, 자신의 인생 서사가 멈추거나 꺾이게 된 하나의 치명적 장면으로 바라보든 귀결점은 단죄로 도출됩니다. 학살자, 아니 부모의 살인자를 벌하는 것이죠.

하지만 영화에서 오월의 당사자 가족이 아닌 당사자들, 그

중에서도 생존해 있는 당사자들의 귀결점은 좀 다릅니다. 영화에서 힘과 권력을 사용하는 체계는 군대, 경찰, 경호실, 폭력조직 등으로 나타나는데요. 이 중 폭력조직의 두목 안수호는 약한 학생들을 갈취했지만 정작 민간인을 공격하는 계엄군을 보고 겁에 질려 숨어 지냈던 자신에 대해 수치감을 느끼며 괴로워합니다. 진압을 위해 광주로 투입되었던 계엄군 김갑세는 죄 없는 민간인을 쏘아 죽인 군인으로, 밤새 죽어간 시민들이 도청 앞에 즐비하게 누워 시체로 끌려가던 모습을 목도한 한 명의 인간으로, 죄책감과 함께 죽고 싶을 정도의 부끄러움을 느낍니다. 반면, 김갑세의 군 동기 마상열이라는 인물은 아이를 안은 엄마를 사살한 충격에 자살 시도를 하기도 했는데요. 자신의 과거를 지울 수 없다면 그 과거에 역사적 당위성을 부여하고 그것을 수호해야 한다고 생각합니다. 자신의 인간적 고뇌를 저버리고, 인간으로서 지니는 무게를 벗어던진 것이죠. 이들의 귀결점은 학살 주범에 대한 단죄이거나, 반대로 단죄로부터 그것을 보호하는 것이죠.

오월을 매개로 접속한 이들의 입장과 귀결점은 이처럼 다르지만, 결국은 학살의 주범 또는 역사의 주역으로 불리는 대상을 중심으로 서로 연결되고 있습니다. 오월을 바라보는 시각과 그들의 장소, 그들의 관계, 그들의 서사는 저마다 다르지만 결국 그들은 5·18이라는 사건 발생의 원류에 근접하여 서로 만나고 있어요. 80년 5월, 광주에서 만났던 것처럼 다시 근접한 범위에서 말이죠. 26년의 시간이 흐르는 동안 그 근접 범위에 이르지 못한 이들은 후속 세대에 의해 걸음을 잇고, 근접 범위로부터 탈주하고자 하는 이는 이권과 광기로 구축한 성안에서 부단히 그 접속을 차단하려 합니다. 접속 가능한 범주 안에 접근하거나 탈주하려는 자가 상치할 때 사용되는 도구가 바로 '총'입니다. 총은 이들을 원한 관계로 잇게 한 접속물이면서, 부단히 탈주하는 자의 방어를 뚫고 그 앞에 서기 위한 이동물이죠. 생명을 앗아 간 무기이자 생명을 탈취한 자에게 돌려줘야 할 물건이기도 하고요.

〈26년〉에서 공조 형식으로 연결된 이들이 직접적 단죄를 위해 근접거리로 이동하는 과정이 나타난다면, 2017년 이주형 감독의 영화 〈포크레인〉에서는 군인에서 민간인으로 돌아온 이들이 소리없이 앓아 온 고통의 상동성을 확인하고 상처의 원인을 찾아 역시 원류의 근접거리로 이동하는 과정이 그려집니다. 〈포크레인〉에서도 역시 접근하는 자와 탈주하는 자, 탐문하는 자와 은폐하는 자, 죄책감을 지닌 자와 죄책감을 변이시키는 자가 존재합니다. 〈26년〉에서의 총은 〈포크레인〉에서 포크레인으로, 〈26년〉에서 말기암을 앓고 있는 대기업 회장은

*출처: 다음 영화

(https://movie.daum.net/moviedb/main?movieId=110454#photoId=1190868)

〈포크레인〉에서 정신적 외상을 앓고 있는 퇴역군인으로 나타나 각각 단죄와 탐문을 위한 노정을 이어가죠. 〈포크레인〉에도 이 노정을 위한 공조적 관계가 포함되어 있는데요. 〈26년〉에서는 각기 다른 장소와 서사를 지닌 오월 당사자, 당사자 가족, 후속 세대들의 공조 관계가 나타났다면 〈포크레인〉에서는 오월 당사자, 그 중에서도 가해자의 낙인을 지닌 채 무한한 정신적 살해 과정 속에 살아가는 당시 진압군들의 관계를 그리고 있습니다.

이들의 관계는 실상 연결된 것으로 표면화되지는 않아요. 이들은 각자의 일상 속에서 외상을 숨기고 살아가거나, 불현듯 맞닥뜨리게 된 외상에 발작하듯 고통받거나, 가족의 도움 없이는 살아갈 수 없을 만큼 미쳐버리거나, 자신보다 약한 이들에게 폭력과 교활한 책략을 사용하며 더 큰 이권을 취해 가거나, 강고한 명령체계를 자신의 세계 속에 파생시켜 가족과 동료를 괴롭히고, 군인이었던 자신을 은폐하고 부정하다 사람을 죽인 자신의 손을 절단함으로써 스스로를 벌하려 하거나, 탐문을 위한 정치적 힘을 가지려다 외상을 양산한 정치체계 안에 갇히고, 관념적 세계로 도피하여 자신마저 기만하는 글로 스스로를 위로하려 하거나, 속세를 등져 종교에 귀의하거나 합니다. 그들은 서로 연결되고 싶어 하거나 실제로 연결되어 있지 않아요. 오히려 단절과 분산을 통해 공수부대원이었던 자신의 정체성으로부터 도피하거나 혹은 그러한 자신의 이미지를 망각하려 하죠.

하지만 주인공 강일은 궤도로 이동하는 포크레인을 타고 끈질기게 이들을 엮어냅니다. 그는 궤도 위에서 일하고, 먹고, 자고, 읽고, 생각하고, 때론 아이들과 함께 놀면서 군인이자 한 명의 인간으로 오늘을 살아내는 방법을 탐구하는데요. 바로 그를 통해 현재의 사회 속에 낱낱이 흡수된 그들이 전쟁의 상흔을 지닌 오월 당사자로 연결되고, 오월 광주의 장소에 진압군이라는 한 발화의 시점이 드러나게 됩니다. 영화 〈26년〉에서 총에 의한 단죄가 실패를 거듭했던 것처럼 영화 〈포크레인〉에서 그 낡은 포크레인에 의한 탐문 역시 교통법에 의해 단속되고 더 큰 포크레인에 의해 부서지는 등 제압의 과정을 겪습니다. 하지만 결국 강일은 외상과 함께 살아가는 방법을 찾아냅니다. 그것은 단죄도, 자책도, 자포자기도, 타락도, 자기기만도, 자해도, 자살도 아니고 질기게 찾아 나선 책임자의 연결고리 끝에 있는 것도 아니었죠.

> "뭐라고 말 좀 해주십시오! 독수리 부대 소장, 백승호 일명 백호랑이! 병장 김강일! 사단장님께 질문이 있어서 왔습니다. 우

릴 왜 그곳에 보냈습니까. 지금까지 제가 만난 사람들 중에 사단장님 얼굴이 제일 좋아 보입니다. 얼굴에 기름기가 흐르고 아주 평화로워 보이십니다. 죄책감이라곤 눈꼽만치도 찾아볼 수 없습니다. 절에서 목탁이나 두드리면서 매일 천 배, 삼천 배만 드리면 다 용서가 됩니까. 지금 부하들이 어떻게 살고 있는지 아십니까. 평생 불구자에, 매일 술만 마시면서 가족들만 괴롭히고, 실종자에다 폭력배에다, 모두 자기 과거를 숨기고 살고 있습니다. 가해자란 이름으로! 숨 한번 크게 못 쉬고 살고 있습니다. 후. 머리 깎고, 승복 입고, 나물만 먹으면 참회가 됩니까. 누굽니까! 누가 우리 인생을 이 모양 이 꼴로 만든 겁니까! 누굽니까! 누가 왜! 우리를 그 지옥에 보낸 겁니까! 누굽니까!"

강일이 접근할 수 있었던 책임 고리의 끝은 이처럼 그가 분노를 터뜨려 낸 옛 사단장까지였습니다. 그는 승복 위에 군모를 쓴 채 책임의 원류가 자리한 최상위 탑 앞에 찾아와 머리에 방아쇠를 당깁니다. 승복을 벗고 끝내 군인으로 죽음을 선택하는 그의 모습에서, 인간의 생명 가치를 명령체계 안에 가두는 전체주의적 질서와 복종의 힘이 얼마나 자기 파괴적인가 하는 생각을 하게 됩니다. 하지만 강일은 도주하지 않고 멈춰 있지도 않으며 외상의 자장 안으로 걸어 들어가는 것을 선택하죠. 그는 다시 자신의 포크레인을 움직입니다. 그리고 예전 자신이 죽음에 몰아넣은 이들의 뼈를 땅속에서 찾아내 죽은 자의 얼굴 앞에 오열로 사죄합니다. 새벽녘 광주의 망월 묘역까지 궤도를 끌고 찾아가 죽은 이의 몸을 가족의 땅에 묻고 난 그는 그곳에서 자신의 이형태를 발견해요. 외상과 죄책감을 그대로 안은 채 인간의 모습으로 살아갈 수 있었던 또 다른 사람 말이죠. 망월동 묘지기로 살고 있는 오종택 여단장, 그 역시 상처가 발생한 맥락 속에 고통 받으면서도 상처의 원류에 직접 접근해 온 사람이라는 점에서 강일과 유사한 범주에 있습니다. 죄의식으로부터 도피하지 않고, 스스로를 기만하지도 않죠. 상처의 고통이 포탄처럼 쏟아지는 최전선에서 인간과 인간의 가치를 지키는 일을 선택한 그에게 진정한 군인의 모습이 보이는 듯도 합니다.

〈26년〉이나 〈포크레인〉을 통해 말한 이야기들을 정리해볼 때, 이 비근한 연대에서의 특징은 '직접성', '연결성', '근접성'을 들어 말할 수 있을 것 같아요. 내가 직접 단죄하거나 탐문한다는 점에서 자기주도성이 나타나고, 오월을 매개로 연결되는 이들이 서로의 현재를 더욱 확인하게 되는 과정에서 자신의 오월을 어루만지게 되잖아요. 또한 상처한 발생한 장소에, 혹은 상처의 원인이 되는 맥락의 원류에 가장 가까이 접근하도록 시도하고 있기도 하고요. 이 중에서도 세대 사이의 연결이나 오월에 대한 상흔을 지닌 자들의 연결은 공조라는 형식으로 이해될 만큼 어떤 행위의 동기와 지향하는 목적이 동질적으로 보이죠. 각자의 장소와 서사, 성질은 다르지만 오월의 상흔을 지워가려는 점에서는 이들을 관통하는 점이 있잖아요. 복수이든, 가치를 구현하는 것이든, 탐문하고 이해에 이르는 것이든 현재로부터 자신을 살리는 것이죠.

그런데 이 목적적 연결인 공조와 다른 성질의 연결 형태가 나타나는 관계도 보입니다. 공조가 능동적으로 구성하는 연결 상태라면, 이 관계는 불가피하게 연결되었으나 분리할 수 없는 성질의 것이죠. 예를 들면 2017년 장훈 감독의 〈택시 운전사〉에서 택시 기사 만섭과 독일 외신 기자 토마스 크레치만의 관계가 그러합니다. 만섭은 선택적 관계에 제한적으로 충실한 인간형인데요. 일당 10만 원을 벌기 위해 손님을 가로채기도 하고, 위험한 진압 상황에 손님을 버리다시피 귀갓길을 선택하기도 합니다. 그에게 인간의 관계란 만들어가는 것이 아니라 주어진 것이나 다름없었죠. 유일하게 자신이 만들어낸 관계인 아내는 병으로 먼저 떠나보냈고, 가난 속에 아내를 지키지 못한 자신에게 관계를 확장하는 일은 가당치 않은 허세이거나 스스로 두려움을 주는 일이었을 겁니다. 그러한 그가 낯설고 위험한 장소에서 생면부지의 사람들과 스스로 관계 맺기

*출처: 다음 영화
(https://movie.daum.net/moviedb/main?movieId=100237#photoId=1178376)

를 선택하는 순간은 오월의 장소를 벗어나는 경계의 신호등 앞에서 그려집니다. 그는 위험한 그곳으로 차를 돌리고 광주의 실상을 외신으로 보도하기 위한 푸른 눈의 기자를 돕기로 하죠.

그것은 그에게 관계 맺기를 행해온 이들의 힘에 의한 결과일 수도 있겠죠. 주유소에서는 돈도 받지 않으면서 기름을 꽉 채워주고, 만난 지 얼마 되지도 않은 광주 택시기사들은 고장 난 자신의 차를 부품까지 구해 손수 고쳐주고, 한 기사의 아내는 늦은 밤 외부인들을 맞이해 따뜻한 밥상을 차려주고, 광주를 뒤로 하고 새벽에 몰래 길을 나서는 자신에게 번호판을 바꿔주며 돈과 샛길 지도까지 들려주는 이들이었으니까요. 하지만 그에게 관계 맺기를 행한 이들에게 어떠한 공조적 목적은 발견할 수 없었거든요. 말하자면, 그들에게 그러한 관계 맺기란 인간이 살아가는 지극히 자연스러운 방식 자체였던 것이죠. 외지에서 온 이들, 어려움에 처한 이들, 배고프고 아픈 이들에게 시선을 주고 그들에게 필요한 것을 자신의 힘으로 채워주는 것 말이죠. 그러한 시스템 속에서 외지의 사람들이 교차할 때, 누구나 할 것 없이 어느 곳 할 것 없이 함께 생존할 수 있을 테니까요.

연결, 그것은 바로 인간이 지닌 공존의 기술이었고 오월의 광주는 위기 앞에서 어쩌면 본능적으로 그러한 기술을 발현시키고 있었던 것이죠. 이러한 연결의 형태는 인위적으로 만들어낼 수 없는 구조로 이루어져 누가 누구로 연결될지 특정할 수 없을 뿐만 아니라 그 양적인 확장 가능성도 점칠 수 없을 겁니다. 만섭이 광주로, 순천으로, 다시 광주와 서울로 움직이는 과정이나 외신 기자가 독일에서 일본으로, 서울로, 광주로 이동하는 과정은 어떠한 설계와 외압력 없이 이루어지고 있어요. 자발적이고도 자율적인 형태로 인간을 서로 연결하는 생명의 가치 때문이겠죠.

이 같은 비목적적 연결의 형태는 2018년 박기복 감독의 영화 〈임을 위한 행진곡〉에서도 나타나고 있어요. 여기서 엄마 명희와 딸 희수는 혈연으로 시작되는 관계가 부딪히게 되는 한계와 이를 넘어서는 보편적 인간 사이의 관계 의식을 보여주기도 합니다. 희수는 다른 이를 웃게 하는 직업을 갖고 있지만, 계엄군이 쏜 총알이 머리에 박힌 채로 분열된 정신세계 속에 살아가는 엄마와 함께 불행 속에 놓여 괴로워했는데요. 고아나 다름없이 성장한 희수의 내면이 회생할 수 있는 곳은 용도 가치가 아니라 존재 가치로 자신의 곁을 지켜주는 사람들 사이였죠. 그것은 희수만이 아니라 그의 어머니 명희의 젊은 날에서도 발견할 수 있는 부분입니다.

*출처: 다음 영화

(https://movie.daum.net/moviedb/main?movieId=110547#photoId=1238027)

젊은 날의 명희는 어떠한 대가 없이도 사회와 공명하며 행동하는 철수에게 빠져들었고 사상이 아닌 관계의 측면에서 그와 동질성을 지녀가죠. 인간의 결핍된 부분을 서로 채우며 공존하는 이들에게 정상과 비정상, 상위와 하위, 중심과 주변의 개념은 불필요한 것처럼 보입니다. 명희와 환자들, 병동의 간호사들은 유치원생이나 여고생들처럼 까드득거리며 대화할 수 있고 희수의 큰아버지 철호와 그의 아내 태자는 딸과 조카에 어떤 차별을 두지 않습니다. 이에 반해 약혼자 부모, 기자, 군인, 형사, 정치인으로 그려지는 이들은 정상과 비정상의 경계 등을 규정하며 권력의 위계 속에서 제압을 통해 자신의 지위를 확인하려 하죠. 그들에게는 폭력적 과시만이 그들을 세상 속 존재로 인식하게 하는 방법이니까요. 혹은 그들 자신에게조차 인간으로서의 존재 가치가 아닌 사물적 용도 가치 기준을 적용하며 스스로를 평가절하하고 있는 것일 수도 있고요.

이같이 2010년대 오월 영화에서는 사회적 연결을 시도하는 주체와 대상, 그 연결의 방식을 확인해볼 수 있습니다. 지나온 오월 영화를 반추하면서, 오월을 현재의 위치에서 다시금 발화하는 시도들이 어떠한 방법과 특성을 지니며 변화해 왔는지를 살펴보는 것은 꽤 흥미로운 일이죠.」

11장. 과거와 현재의 조우

「2010년대 오월 영화들의 흐름 속에 눈에 띄게 나타나는 또 다른 점은 바로 다큐멘터리 영화가 활성화되고 있다는 것인데요. 이러한 형식의 영화는 오월에 관한 당사자적 서사를 관찰자적 시선을 통해 전달하면서도 당사자적 체험으로서 감성을 관찰자의 내면에 구현해냅니다. 말하자면, 관찰하는 동시에 현장의 당사자가 되는 체험이랄까요. 죽은 자의 기억을 산 자의 신체 속에 재현해내는 과정이랄까요. 그 체험적 감상을 말로 표현하기에 어려운 점이 있습니다만 다큐멘터리 영화로 만들어진 오월의 이야기들은 분명 오월과 광주를 바라보는 현장의 시선을 증폭시킵니다. 80년 5월과, 영화를 바라보는 신체의 현재를 연결지으면서요.

*출처: 다음 영화
(https://movie.daum.net/moviedb/main?movieId=60339#photoId=683571)

*출처: 다음 영화
(https://movie.daum.net/moviedb/main?movieId=120390#photoId=1242617)

항쟁의 시공간과 현재의 삶을 교차하며 채 기록되지 못한 이야기들을 포착해 담은 2011년 김태일 감독의 〈오월愛〉, 오월 당시 광주의 실상을 외신으로 전한 기자인 위르겐 힌츠페터의 실제 촬영본을 바탕으로 왜곡된 역사에 정면으로 발화하는 2018년 장영주 감독의 〈5·18 힌츠페터 스토리〉, 한 군사평론가가 북한특수군 '제1광수'로 명명한 누군가를 포스트오월 세대 감독이 직접 찾아 탐문하는 과정에서 텍스트로 접속한 오월을 실체로 복원해가는 2019년 영화 〈김군〉이 그러한 영화들입니다.

특히 영화 〈김군〉은 이른바 '오월 2세대'나 '포스트오월세대', 혹은 광주나 광주 의식의 바깥 범주에 속한 타자들이 광주의 오월과 공명하는 방법에 있어 시사하는 바가 있었는데요. 그것은 말하자면, 참여적 발화 형태를 개인의 직접 선택하고 수행할 수 있도록 하는 것, 영화를 비롯하여 자신이 수행할 수 있는 각종 표현태를 통해 오월이라는 텍스트에 접속하고 그 접속을 일상 속에 공유하는 것, 오월을 발화하는 이들을 대상화하거나 그 결과의 수렴하는 위치가 아니라 자신의 삶이 있는 그 장소에서 자신의 언어로 오월을 발화하는 것이 필요하겠다는 생각, 아니 그러한 요구가 실천으로 이어지고 있다는 생각입니다.

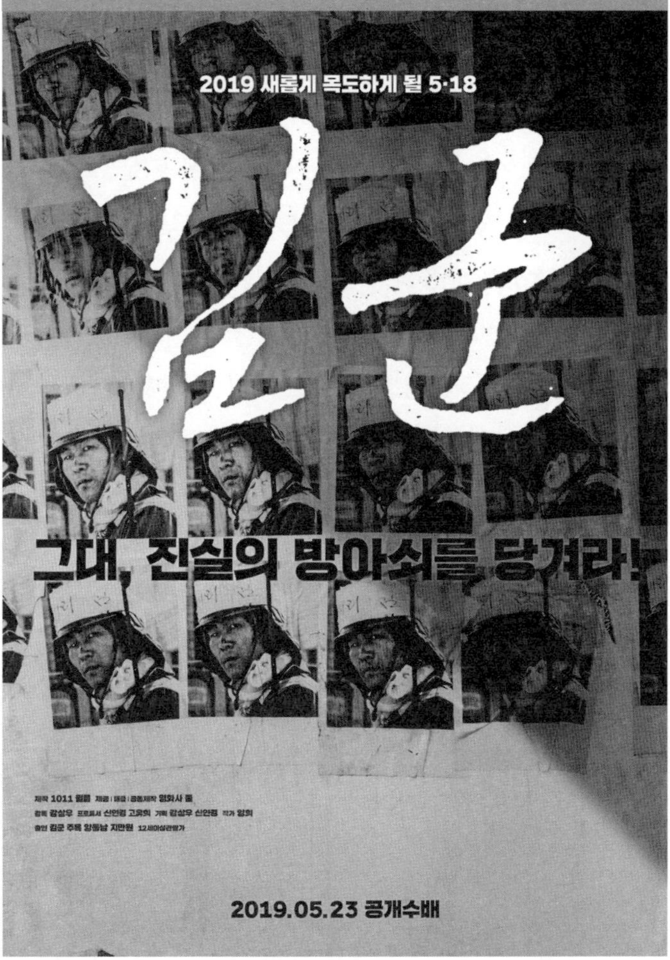

*출처: 다음 영화

(https://movie.daum.net/moviedb/main?movieId=124649#photoId=1309468)

다각도의 시선에서 오월의 사건을 바라볼수록 점차 무한의 해석이 가능한 시적 텍스트로 변모해감을 확인할 수 있게 됩니다. 광주시민, 그 중에서도 죽거나 살아남은 이들, 그들의 가족과 이웃, 계엄군, 계엄사령부 지휘체계에 속한 상위명령자들, 학살당한 이들과 이를 지켜본 이들, 학살의 현장으로부터 탈출한 이들, 살인과 폭력의 기억으로부터 고통받는 이와 그 고백을 듣고 같은 고통에 전율하는 이들, 오월의 당사자와 그 후속세대, 광주 바깥의 관찰자와 광주 안으로 진입한 탐색자, 광주에서 생명을 짓밟힌 자와 생의 터전 곳곳에서 인권을 유린당한 자, 오월의 현장을 보편적 인간이 고뇌하는 딜레마의 장소로 삼아 마치 순례하듯 이곳에 접속해온 수많은 계급계층의 사람들. 이처럼 다양한 각도에서 각기 자리한 시공간을 달리하여 오월을 조명할 때 광주의 오월이 인식되어 온 의미와 그것에 대한 감성적 수용양상이 입체적이면서도 더욱 구체적으로 밝혀지고 있는 것 같아요.

그 의미들은 여러 지표들을 지니면서 오월을 해석하는 스펙트럼을 넓히고 있기에 사실적 경험만이 아닌 인문학적 텍스트로서 성질을 갖춰가고 있는데요. 다만 그 다채로운 해석들은 하나의 유사한 감성을 표정으로 드러내고 있다는 점에서 상통하고 있기도 해요. 그것은 바로, 죽음의 현장을 인위적 재난과 동일시하며 그 부당함과 비극성에 애도와 분노를 표하는 '고통받는 자'의 얼굴이죠. 오월이 경험적 사건으로부터 의미 지평을 지닌 텍스트로 변모 또는 확장되어도, 여전히 오월은 그것을 아픔으로 인식하는 이들에게 경험, 기억, 공감, 추체험될 수 있는 것임을 생각하게 됩니다. 그 어느 해석을 떠올리는 이들에게나 오월은 생명을 둘러싼 인간의 고뇌와 고통을 매개로 접속될 수 있는 지점인 것이죠.

달리 말하면, 오월은 고통을 발화하는 개체의 진동에 다른 개체들이 공명할 때 비로소 감지되거나 형체를 드러내는 관념적 대상이라 할 수도 있겠고요. 아마도 이것은 이 연대적 고통의 공감장으로부터 가치 수호의 새로운 체제, 즉 생명과 인권을 지키기 위한 국가단위 명령체제 이상의 인문적 공론 시스템을 보편적 인간의 층위에서 구축해가는 것으로 이어져야 할 것이라 생각합니다. 고통은 단지 고통으로 끝나지 않아야 할, 환경 변화의 시기를 알리는 감성적 신호일 수 있으니까요. 그리고 그 보편적 인간 층위의 인문적 공론 시스템은 무엇보다 오월 당사자세대와 후속세대, 광주의 장소성과 이접장소성을 연계하며 텍스트화된 오월에 접속하는 작업 속에서 구체적으로 세련되어갈 수 있을 겁니다. 이를테면 오월담론화와 '5월교육' 같은 오월의 현재화 과정 속에서요.

가령 웹 카툰으로, 스스로 만들어 부르는 노래로, SNS의 자기성찰에세이로, 커뮤니티 게시판의 댓글로, 플롯이나 연출 없이 녹화된 영상일기로, 낭독회와 음악극의 형태로, 이렇게 각자의 일상에 접목한 오월의 현재화가 기념제의적 성격에 앞서 실행되고 또 그 피드백을 공유하는 과정으로 실현될 수 있지 않을까 하는 생각이 듭니다. 아니, 이미 그렇게 실행되고 있는

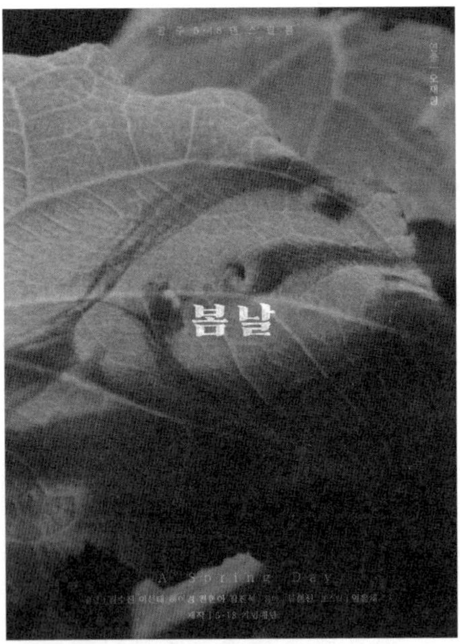

*출처: 감독 오재형 홈페이지
(http://www.thelump.net/25)

수많은 일상적 현재화가 교육이라는 장을 빌려 적극 공유되고 서로 피드백을 모을 수 있어야 하지 않을까 싶고요. 그렇게 일상적 위치에서 저마다 오월에 접속하고 그것을 하나의 플랫폼에서 보고 듣고 나눌 수 있을 때, 실상은 오월을 과거화하고 있을지 모르는 수렴적 역사교육으로서 5월 교육의 형태를 벗을 수 있지 않을까 생각합니다.

소리 내는 대사 한마디 없이 수화나 몸의 움직임, 음악을 매개로 오월의 사유를 영상화한 2018년 오재형 감독의 〈봄날〉이라든지 광주독립영화제에서 제안하는 '5·18 3분 영화제'는 개인이나 소그룹이 각기 특성화된 방식의 발화 경로로 오월에 접속해 다채롭게 소통할 수 있음을 확인할 수 있는 예인데요. 오월에 접속하는 누구에게나 무엇을 말하고 어떠한 방식으로 말하느냐 하는 것에 대한 자율성을 부여하는 것, 그리고 그 발화들이 공유되거나 교환될 수 있는 공공의 장을 마련하는 것, 그래서 발화의 결과를 서로 함께 자리한 대화의 장 속에서 피드백으로 환원 받도록 하는 것, 그 결과 현재적 사유를 다른 사람들과 공유하고 그 상호 작용에 의해 현재 자신의 감성과 행위를 이어가는 것. 이것이 예술에서의 다종의 발화방식을 교육이라는 층위에서 차용할 때 얻을 수 있는 효과이자 오월을 현재화할 수 있는 하나의 방법이 아닐까 싶습니다.」

*출처: 5·18민주화운동 서울기념사업회
(http://ww.518seoul.org/blog/1238?page=12)

12장. 오월이라는 텍스트

「이처럼 80년대로부터 40여 년의 시간을 잇는 영화적 발화, 그 메시지들 속에 유영하고 있자면 5·18이 신체적 경험에서 점차 추상화된 의미로 만들어져가는 과정을 목도하게 됩니다. 그것은 80년 광주에서 열흘의 기간 동안 발생했던 하나의 사건 층위에서 기억과 인식의 층위로, 그리고 점차 장소와 조건을 초월하여 인간의 사유를 한 데 모으는 공공의 텍스트가 되어가는 과정인 것이죠. 이러한 텍스트화 과정을 거쳐 하나의 경험은 관념의 공간 안에 보존되고 자신의 정체성을 구성하는 데 필요한 서사로 기억되곤 합니다. 우리가 나의 관점과 위치를 기준으로 자기 자신의 서사와 내가 자리한 장소의 서사를 말할 때 그 플롯을 구성할 수 있는 낱낱의 사건으로 의미화되는 겁니다. 하지만 내가 의미를 부여하지 않더라도 의미화되고 기억하고 싶지 않더라도 기억하게 되는 사건들도 있지요. 사회적 공론과 공감의 장에서는 오월을 공공 텍스트화해가는 힘과 함께 오월이라는 사건을 재사유하는 것에 대한 피로감 역시 공재합니다. 바로 '오월을 공감하는 것'을 둘러싼 입장차가 존재하는 것이죠.

이러한 차이는 오월을 환기하는 데 일종의 기념제의적 성격을 부여하는 경우만큼이나 오월을 상대화하고 거리두기 하도록 만드는 면이 있습니다. 이 문제를 해결하기 위해서는 무엇보다 광주 오월에 관한 담론화 방식 또는 5월 교육에 대해 생각해야 할 것 같은데요. 간혹 저는, 오늘의 5월 교육이 오히려 5월의 배를 더 멀리 떠나보내고 있지 않은가 하는 우려가 들기도 합니다. 생존 가능성의 마지노선을 접할 때 감성이라는 인간의 행동 반응 시스템은 합리적 이성에 앞서 자구적 방책으로 불현듯, 자발적으로, 때론 불가항력적으로 작동하곤 합니다. 연안 부두를 넘어 빠져드는 차량 그 초를 다투는 침수 과정에서 재빨리 상황을 알리고 사람을 구해내는 행인들이나, 파도에 넘어져 물에 잠긴 아이를 보고 아이 엄마보다 빠르게 물속으로 뛰어들어 아이를 건져 올린 만삭의 임산부라든지, 충돌사고 후 의식을 잃은 채 달리는 운전자의 차량을 보고 자신의 차를 멈추고 달려가 온몸으로 멈춰 세운 한 가장의 사례를 보자면 그렇습니다. 이 경우들은 우리의 비근한 일상 속에서 뉴스로 접한 현실적 사례들이고 미처 후과를 의식하며 행동하지 않았던 본능적 움직임에 가깝습니다.

초월적 힘을 발휘하는 감성적 행동 반응은 개인의 삶 안에서나 사회의 집단적 생활 속에 맺어진 특수한 관계들의 범위에 한정되지 않고 나타납니다. 말하자면, 타인의 생명에 대한 동일시 내지는 연결감은 인간의 본능적 영역에 편입되어 있는 보편적 행동 반응인 것처럼 보입니다. 이와 연관하여 오월의 전남 도청 일원이나 촛불로 밤을 밝힌 광화문 일대에서의 민중적 결집을 떠올려 볼 때, 항쟁이나 봉기의 층위에 놓이는 집단적 행동 반응 역시 자신의 생존 상황에 대한 무의식적 감지 결과로 실행된 신체적 반응이지 않은가 하는 생각이 듭니다. 지젝의 말을 빌려 말하자면 '분노의 자본에 의해 배양된 공감과 의분', 그러한 인위적 감성이 발현된 결과로 보이지 않는다는 것이죠.

그렇다고 항쟁을 신경 세포 속에 기억된 본능의 차원에서 일어난 것으로 보는 것은 아닙니다. 누구나 위험한 상황에서 의인처럼 행동하는 것은 아닌 것처럼, 보편적 인간이 결집한 모든 집단적 행동 반응이 본능적으로 실행되도록 구조화된 행동 시스템의 결과는 아니겠지요. 환경이 생존을 위해 적합하지 않을 때 이성적 차원에서 분별과 소통 능력이 감성적 측면보다 더욱 활성화되기도 하고요. 하지만 그러한 공론화를 통한 의사 표명이나 집단행동은 자신이 미처 자각하지 못할 정도로 기민하게, 후과를 예상하지 않은 비합리적 방향을 향해 역동적으로 나타나지는 않잖아요. 그러니, 이러한 이성적 차원에 앞서 몸을 움직이게 한, 공동체적 저항을 가시화한 인간의 역량과 기제가 있었을 것이라는 생각이 듭니다.

공감하는 것이나 공분, 의분의 감성을 교육이라는 합리적 이성의 활성화 과정을 통해 긴밀하게 접할 수 있다는 데 그 가능성을 부정하지는 않습니다. 광주 오월의 항쟁 기간에 민주화된 시민 의식이 발현되었음에, 그리고 그러한 경험적 인식을 교육 텍스트로 구성하고 계승해가야 할 필요성에도 동의하고요. 다만, 오월을 기념화하고 제도권의 서사로 만들어가는 과정이 혹시 보편적 인간으로서 지녀야 할 권리와 그것을 억압당하는 순간에 터져 나오는 인간 고유의 저항력을 특수한 무엇으로 대상화하고 있지는 않은지 성찰할 필요도 있을 것 같습니다. 말하자면, 광주 오월에 관한 담론화의 과정에서 그 의미화의 방점은 이제 민주화를 위한 시민의 저항, 그 항쟁일지와 광주시민의 정체성을 탐문하는 데에서, 인간의 생명을 유린한 학살 주범으로서의 국가체계와 그 존속성 파괴에 관한 보다 확장된 범주로 이동해 놓여야 하지 않을까 생각해요.

그래야 오월 항쟁의 사회적 의미를 광주라는 한 지역을 넘어, 유린과 저항의 서사가 있었던 보편적 인간의 지대들로 확장시킬 수 있을 것이라 보기 때문이죠. 보편적 인간의 생명권 유린과 공존을 위한 저항 원리, 이를테면 공감장(***共感場 sympathetic field. 사회와 역사의 흐름을 만들어온 인간 행위의 내적 동인을 감성론의 차원에서 포착하기 위해 하버마스의 공론장 개념을 감성 연구의 맥락으로 전유, 감성인문학연구에서 사회적 감성이 갖는 동시성·상호성·횡단성을 설명하는 데 사용되고 있는 분석적 또는 비판적 개념**)이 구성되는 맥락과 배경을 그러한 경험적 서사가 담긴 다른 거점들과 적극적으로 이어가는 작업이 필요하지 않을까 합니다. 예를 들면 한국전쟁과 피난민의 서사가 담긴 영남, 그곳의 감성과 생존 욕구에 대한 정치적 해법을 오월 광주와 교차하여 탐구하는 작업 말이죠. 5월 항쟁을 인간으로서(나) 인간(나, 그리고 상호 연계된 자들)을 지키기 위한 자구적 생존 반응으로 바라보는 관점에서라면, 즉 오월을 사회적 가치와 아울러 그 모든 가치의 출발 전제가 되는 생명, 생존의식의 측면에서 논의한다면 오월을 공감하고 그것을 교육하며 교육의 가치를 전사회적 측면으로 확산해갈 가능성이 높을 것이라 생각합니다.

물론 광주의 오월이 지닌 가치를 보편성과 특수성의 두 측면으로 나누어 어느 방향만을 지향해서는 안 될 것으로 여깁니다. 서로 분리되지도 않을 것이며, 이 가치의 성질은 광주가 가령 민주라는 추상적 의미의 광주가 되는 과정처럼 서로 결부되어 상호작용하는 것일 테죠. 하지만 이후 광주의 오월이 광주에 여전히 살아가고 있는 오월 2세대에 의해 공감되고, 광주 바깥의 수많은 지역과 주체들에 의해 광주만이 아닌 인간의 생명권에 연관한 문제로 논의될 수 있다면, 그래서 비로소 광주의 영령들과 생존한 이들이 광주의 오월이라는 덫으로부터 해방될 수 있다면 이후 공감의 확산을 위한 보편적 가치화, 이 같은 전략적 논의는 분명 필요한 것이 아닐까 생각해요. 5월 교육, 광주 오월의 정서가 5·18 교육으로 학습되거나 공감될 수 있는 것일지 실천적 가능성의 문제도 고려해보아야 할 테고요.

이를테면 절대 공동체라는 것이 추체험되거나 관찰할 수 있는 것, 학습될 수 있는 것일지, 가능하다면 그 정서적 교육의 실체나 내용은 현실의 삶과 관련한 무엇이 되어야 할지 하는 문제들 말이죠. 가령, 3.1만세운동, 4.19혁명, 5·18광주항쟁 등 전민중적 봉기에서 오늘의 교육 대상이 경험하는 정서적 내용은 첫 번째, 의아함이고 두 번째, 경외감 또는 두려움, 그 이후가 '학습된' 공감일 테니까요. '어떻게 자기 목숨을 아끼지 않고 그 상황에 투신한 것일까? 그 사람은 나와 다른 특별한 의인이기 때문에 그럴 수 있었던 것일까? 나라면 그 상황에 어떻게 행동할 수 있었을까? 지금은 그와 같은 상황에 처해 있지 않아 다행이고, 이 평화로운 상황을 만드는 데 이바지한 그들의 뜻을 기리고 숭고하게 여겨야겠다', 말하자면 관찰자적 위치에서 이러한 의식의 흐름을 타고 있는 것이죠. 망월동에 처음 가보고 그 수많은 무덤의 광경에 놀라며 신기해하는 아이들 역시 5월 교육에 담겨있는 감정과 동일화가 이루어져 있지 않은 존재들이고요. 그들의 반응은 하나의 사건으로 인해 한날한시 한 장소에서 함께 목숨을 잃은 사람들이 이토록 많다는 사실에 낯선 시선과 호기심을 두는 현상일 겁니다.

그럼에도 불구하고 이 같은 상황을 지켜보자면 감정의 결락이 오히려 세대와 지역을 보편적인 층위에서 횡단시킬 수 있는 가능성의 틈이기도 할 것이라는 생각이 듭니다. 다시 말해 감정적 밀착이 오히려 사태를 객관적으로 바라볼 분별력이나 에너지를 잃게 만들 수도 있고, 반면에 감정의 결락이 오히려 사태에 접근하게 만드는 여건을 만들어낼 수 있음을 고려해야 한다는 생각인데요. 5·18에 대한 현재 오월 2세대들의 감정적 결락은 '사실적 무지'와 '타자지향성의 우월적 가치화'에 원인이 있을 수 있어요. 우월한 것으로 평가된 타자지향성의 가치와 그 숭고한 것의 무게 앞에 피교육자들은 오월의 맥락을 스스로 구성하고 인지하여 얻게 되는 의미와 감정으로부터 소외되어 있는 것이죠. 이것이 현재 오월 교육의 한계일 수 있다고 봅니다. 동시에 우리는 절대공동체의 타자지향성이 가령 자기 보호 본능보다 우월적 가치를 지닌 것으로 평가되는 순간, 위계적이고 배타적이며 자기 파괴적인 관념이 탄생할 수 있음을 고려해야 하죠. 당연한 말이지만, 가치의 왜곡만큼이나 가치의 절대화와 신성화 역시 경계해야 한다는 의미입니다.

저는 광주의 오월에 경험에 대한 직접적 공감, 그러니까 추체험되고 학습되어 일어나는 공감이 아닌 사건 당사자의 내적 시선에서 만들어지는 감정이나 의식과 동일시되는 직접적 공감이 담겨 있다고 봅니다. 그러한 점에서 볼 때 이러한 감성은 교육 대상에게 근본적으로 전이 불가한 것이라 여기고요. 바로 이들이 생존 가능성의 마지노선에 서 있지 않기 때문이죠. 공간의 측면에서 같은 경계선 내에 있지 않고 시간의 측면에서 함께 있지 않은 상태인 것이죠. 그래서 의식의 범주 바깥, 혹은 그 저변에서 발동되는 긴급한 자구적 감성이 구성될 수 있는 상황이 아닌 것이죠. 저는 이처럼 한 사건에 대한 경험적 공감이 교육 대상, 오월 2세대 이후에 이루어지기는 어려우며 그 공감을 지향하거나 목적으로 두는 교육이 성립하기도 어렵다고 생각해요. 오월이 피교육대상의 현재적 경험으로 이어지지 않는다면요. 바꿔 말하면 오월을 현재화하는 방식, 그 접속 가능한 매개체를 찾는다면 오월에 대한 직접적 공감과 교육적 텍스트화가 가능할 것이고요.

근본적으로 직접적 공감이 이루어질 수 없는데 공감과 의분을 배양한다면 그 원칙에 기반을 둔 교육은 광주에서 산화한 영령들을 영웅화하는 동시에 나라는 인간과는 다른 의인, 특별한 존재, 본받고 존경하며 나 역시 나의 생명 가치를 더 높은 어떠한 사회적 가치를 위해 헌납할 수 있도록 스스로를 반성해야 하는 것처럼 느끼게 할 것 같거든요. 운명을 결정할 수 있는 상황에서 나와 생존의 조건을 공유하며 감성으로 연결된 자가 건네는 제안은 주목하고 경청할 수밖에 없겠지만, 나와 다른 처지와 입장에서 동일감을 느낄 수 없는 경우에 일방적으로 건네는 조언은 무의미하게 들리죠. 어떤 반향을 낳거나요. 5월 교육의 경우에는 그 사안의 역사적 무게감과 애도하는 자의 책무감에 의해 적어도 조롱보다는 침묵의 형태로 나타나겠지만 교육의 메시지와 불통한다는 점에서는 유사한 반응인 것이죠.

이 국가폭력에 의해 인간의 최우선적 가치이자 최소한의 권리인 생존, 그 바탕이 파괴된 이들, 오월의 광주에서 죽고 다친 수많은 사람들의 두려움과 분노, 혹은 그 이후 이어진 기억 또는 망각의 과정은 분통함과 억울함을 지닌 채 살아남은 또 다른 장소의 사람들의 서사를 포괄할 수 있어야 할 것 같아요. 맥락의 확인과 사실적 재현, 어떤 방식으로 대처했고 살아남았느냐, 어떤 입장에서 서로 나뉘며 오월을 달리 가치 평가하느냐 하는 논의에서 이제, 생명을 지닌 인간의 존립을 위해 당시대의 광주를 차용하는 데 뜻을 모아야 할 것 같습니다. 그것이 사회정치적 층위에서 학술적 공간에서 기념제의적 순간에 한정되지 않도록 말이죠.

보편적 인간의 최우선적 가치에 관한 현재적이고 사회적인 사례로서 오월을 바라볼 수 있도록, 그것에 대한 사실적 맥락 탐구를 개별로 수행하고 그 수행 결과를 상호 피드백하는 것. 이것이 오월 3세대 교육의 범주에서 적극 이행되어야 할 새로운 오월 교육의 방식이지 않을까 하는 생각입니다. 말하자면 5월 교육은 그 사건에 대한 감정과 인식의 재료를 제공하는 것이 아니라 그것을 스스로 구성하도록 돕는 교육이어야 한다는 것이죠. 이와 상통하는 취지를 지닌 예술적 실천을 찾아보자면, 2012년부터 시작된 광주독립영화제에서 볼 수 있었던 각종 영상 발화물들을 예로 들 수 있을 것 같아요.

지금까지 분석해본 영화들은 제작비나 관객의 양적 정도를 떠나 그 영화제작과 유통의 과정에서 국가 단위의 시스템을 경유해야 하고 그 결과 영화라는 문화산업 분야 속에서 회자되는 의미를 지니고 있었잖아요. 하지만 광주독립영화제에 등장하는 독립영화들을 보면 산업적 측면에서 영화를 생산하고 있거나 집단적 발화를 대변하는 층위에서만 만들어지고 있는 것이 아닌 것 같아요. 그 영화들은 바로 자신의 이야기를 하고 있거든요. 지역이라는 장소에 살면서 스스로 생활인으로 사회의 구성원으로 느껴온 감정이나 이해, 또는 역사적 흐름 끝에 현재에 놓여 그 장소를 공유하고 있는 하나의 철학적 인간으로서 자신의 사유를 다른 이들에게 전달하고 있는 것처럼요.

그렇기 때문에 그 영화들은 영화라는 매체에 담긴 의미와 함께 그 메시지를 구성하고 전달하고 있는 주체를 함께 바라보게끔 합니다. 다른 예술이 추상화한 형태의 의미를 전달하고 있다면 그러한 독립영화들은 일종의 도구적 발화물로 기능하며 현실 속 사람과 일상 속에 구체화된 이야기를 함께 보고 듣게 만듭니다. 우리가 누군가와 대화를 나눌 때 그것을 매번 기록하거나 그 대화 과정에서 얻은 착상을 에세이로, 시로, 책으로 재가공하지는 않잖아요. 대화는 소통과 변화의 과정 속에 있는 수많은 경험 중 하나이니까요. 독립영화들 역시 그 대화라는 것처럼 메시지 구성과 소통의 과정 자체에 의미가 있는 하나의 수행물처럼 여겨집니다. 독립영화들에 있어 개봉과 수익은 영화제작의 목적이라기보다 그 대화를 이어가기 위한 행위조건이 되고 있는데요. 이 역시 독립영화가 지닌 수행적 가치를 보여주는 것이 아닌가 싶어요.

오월의 생존 주체, 즉 오월 1세대가 지닌 죄의식에 관한 문제도 이후 이어질 오월의 담론화 과정에서 지속적으로 고려할 지점인데요. 죄의식의 형태로 포착되는 이들의 감성은 애도와는 또 다른 의미와 영향력을 지니는 것 같습니다. 40년의 터널을 지나온 죄의식의 주체, 광주의 오월을 함께 기억해 온 생존자들에게 오월의 후속 세대가 묻고 싶은 말은 이런 게 아닐까 싶어요. 카인을 향하는 신의 목소리, '네 동생은 어디 있느냐' 류의 자책적 사유는 멈추어도 되지 않을까요? 죄의식은 애도의 감정만큼이나, 비극을 수습하고 부당한 현실 속에 다시 편입하여 살아가기 위한 과정에서 생존을 위한 힘으로 작용했을 것이라 생각합니다. 그 힘이 균열 간 사회를 생존 적합한 환경의 방향으로 모두어 끌고 온 것이겠죠. 삶을 위해 시도한 그 무수한 행위와 그 싸움 속에 갈등한 수많은 시간은 그 갈등이 비록 갈등으로 끝났을지라도 나를 비롯하여 인간을 살려내기 위한 노력이라는 점에서 고귀한 것이기도 하고요.

하지만 오월은 지금 국가폭력을 향한 다종의 비판이 실행되는 배경이자 일종의 역사적 텍스트로 변용되고 있잖아요. 죄의식의 바깥에서 볼 때, 죄의식이라는 힘의 작용은 이제 그 작용 대상을 달리해야 합니다. 당사자나 그와 함께 연결된 인간이 아닌, 당사자와 연결되지 않은 인간, 연결된 적이 없거나 연결되려 하지 않은 인간을 향해서요. 혹은 그러한 비껴감을 설계하고 비호하는 이들과 그들의 사령탑인 사회구조, 그들의 무기인 법을 향해야 하지 않을까요. 혹은 '네가 죽인 자는 어디 있느냐'의 목소리 앞에 귀를 막은 또 다른 카인을 향해서요. 광주의 오월이 40번 지나는 동안 생존자와 후세대를 움직이게 한 죄의식은 이제 비로소 관찰되어야 할 시점인 듯합니다. 스스로에 의해, 혹은 타자에 의해 말이죠. 죄의식 혹은 그처럼 비참한 내면의 아우성이 새로운 시선에서 관찰될 수 있어야 하고, 그로써 죄의식이 연유한 정황이 파악될 수 있어야 하며, 울거나 싸우고 죽어가는 동안 40년 이상의 시간을 벌고 살아남은 국가폭력의 실체를 명징화해야 한다는 생각입니다. 이 죄의식이라는 감성의 풀이, 혹은 이 에너지의 전용 과정이 이후 사회적 비극과 다시 만날지 모르는 우리에게 역사적 해법을 제공할 수도 있을 것이란 생각도 들고요.

바라볼 대상과 듣고 기록할 부분을 선택하는 것이 주관에 의해 이루어진다는 점에서 온전히 객관적인 관찰이란 성립하기 어려울 수 있겠죠. 하지만 영화 〈김군〉를 참고로 생각하면, 시선의 객관화라는 것은 각 개인이 시도할 수 있고 충분히 성립할 수 있는 과정인 것 같아요. 경험의 주체 내부에서 만들어지는 의식과 감정, 이야기 등을 그 주체와 분리된 새로운 시선에서 기록하고 그 기록한 결과를 마치 타인의 것처럼 관찰하는 것 말이죠. 개인의 서사는 지극히 주관적인 것이지만 같은 재료로 그것에 균열을 가하는 새로운 이야기를 구성하고 있는 겁니다. 그 점에서 다큐멘터리 영화가 지닌 주·객관성의 혼종성을 이해할 수 있을 것 같아요.

다큐멘터리 영화에서 기억이라는 재료를 가지고 하는 일은 사건의 기억을 담은 주체가 환기와 재현의 과정에서 반응하는 바를 객관적으로 관찰하고, 관찰하여 얻은 정보이자 이미지와 음성 등으로 다시 육화된 기억들을 경험의 주체와 관찰자, 경험의 이접자와 제3의 타자들 앞에 재생하는 일인데요. 이것은 증언을 통해 기억을 재구성하고 자신의 경험과 연결되는 사람들의 범주를 확장할 수 있는 새로운 방식이 될 수 있을 것 같아요. 호소하지 않고, 가공하지 않고도 말이죠. 공백과 침묵으로 한 인간의 내면에 침잠되어 있었던 그 무엇이, 그렇게 멈춰 있고 침묵하는 행위의 맥락적 실체와 당사자적 정체에 대한 의구심이 사실로서의 사건에 대한 탐문 동기를 불러일으키기 때문이죠. 그 동기는 오월에 텍스트화하기 전, 80년 이후 당대인들이 영화를 통해 서로를 호명했던 이유이자 서로의 시선과 함께 모아내려 한 그 힘이기도 하고요.

〈김군〉 영화의 마지막 장면에서는 그 영화의 주인공들이라 할 수 있는 사건의 발화자들이 극장에 모여 인사를 나눕니다. 낱낱이 흩어져 죄의식 또는 무력감에 가까운 모욕감에 침잠해 있던 이들이 자신과 같은 또 다른 처지의 생존자들을 실체의 상태로 확인하게 되는 순간인데요. 어두운 극장에 모여 인사를 나누는 이들이 서로에게 건네는 시선은 40년에 가까운 기억의 터널을 홀로 걷다가 그 경로가 어디를 향한 것인지를 자문해 보는, 이른바 자폐적 의식에 균열이 가는 순간을 감지하게 합니다. 자신의 의식 바깥에서 재구성된 자신들의 이야기를 극장에 모여 최초로 관람하게 되는 장면은 경험으로부터 비로소 분리된 경험 안과 밖 두 개의 시선을 보여주죠. 동시에 그것은 침묵과 공백을 그 자체로 객관화하여 반영하면서 제3의 타자들을 시공간적 층위에서 연쇄적으로 연결해내는 듯합니다.

이러한 경험의 객관화의 작업은 재현의 불가능성을 해결하기보다는 재현의 불가능성에 관한 논의 자체를 승계하고, 사건에 대한 사실적 재현이 아닌 존재론적 재현을 이루고 있는 것처럼 보여요. 그리고 이것이 경험의 당사자 혹은 경험에 이

접한 이들 바깥에 자리한 이들, 이를테면 오월 2세대와 그 이후의 세대들, 광주 바깥에서 광주의 오월을 경험한 이들, 다른 서사로 조합된 광주의 기억을 소유하지만 광주의 오월에 감정적으로 깊이 관여하고 있는 이들에게 작용할 수 있는 증언과 재현의 시스템이 될 수 있도록 더욱 섬세한 관심이 필요하다는 생각도 들고요. 영화 〈김군〉은 '증언+기록+서사'의 기능을 수행하면서, 현존한 증언자 내부로부터 증언을 끌어내는 것뿐만이 아니라 외부의 시선에서 바라본 관객이 그 경험된 무엇을 체감하도록 만드는데요. 이처럼 사건을 재현하는 것은 불가능할지라도, 만남과 상호작용을 구현함으로써 사건에 접근할 수 있지 않을까 싶습니다. 요지는, 커뮤니케이션을 위한 보편적 문화 도구로 다큐멘터리 영화 형식을 사용할 수 있을지 생각해보자는 거죠. 지금은 1인 미디어 시대, 손안의 카메라로 CF, 영화, 전지구적 콘텐츠를 찍고 있는 시대잖아요.

2020년 박기복 감독의 〈낙화잔향〉은 장소와 사람에 대한 편견이나 의미규정 없이 5·18이라는 사건을 바라볼 때 비로소 무엇이 보일 수 있는가 하는 점을 묻습니다. 그것은 사랑이거나, 사랑에 근거한 분노이거나, 사랑과 분노가 모두 제압된 상태에서의 슬픔이거나, 사랑과 분노와 슬픔이 재생되고 재현되는 애도이거나, 이 모든 감성이 작동하는 신체로서 바로 '나'라

*출처: 다음 영화

(https://movie.daum.net/moviedb/main?movieId=145326#photoId=1414272)

는 인간의 자화상일 수 있을 겁니다. 2021년 임흥순 감독의 〈좋은 빛, 좋은 공기〉는 이 공명하는 감성을 지닌 신체들이 연대기적 흐름 속에 놓인 세대 사이에서만이 아니라 시대를 공유한 장소들 사이에서 전 지구적 차원으로 횡단할 수 있음을 보여줍니다. 1980년 5월, 서로 지구 반대편에 놓인 광주와 부에노스아이레스에 동시적으로 가해진 국가 폭력 이후, 그 목도한 실상을 자신의 신체 안에 감성으로 기록한 이들의 서사가 인간이라는 매체를 통해 장소로부터 또 다른 장소로 이동해 온 과정을 확인하게 됩니다. 이 영화를 통해 비로소 지구적 횡단을 이룬 두 장소의 서사는 접목된 이후의 새로운 서사로 이어지게 될 겁니다.

2021년 5월 개봉예정작인 이정국 감독의 〈아들의 이름으로〉 역시, 사건 이후의 서사와 그 서사의 이동이 만들어내는 인간의 접목 과정에 주목하는 듯합니다. 이 영화는 5·18을 죽은 자의 세상에 얹어 보낸 기억이 아니라 산 자의 사회에서 해결해야 할 인간의 문제로 보고, 죽음이라는 사건이 아닌 죽임이라는 행위 이후에 부여되는 인간의 과제에 착안하고 있어요. 어떠한 가치도 생명 앞에 우선시될 수 없으며 반성하지 않는 삶은 무가치하다는 메시지 앞에 가시화될 동의의 여러 형태를 상상하게 됩니다. 앞으로도 이어질, 인간의 보편적 가치

*출처: 다음 영화

(https://movie.daum.net/moviedb/main?movieId=143184#photoId=1415799)

에 대한 서로의 질의와 확인은 또 어떠한 형태로 나타나게 될까요. 광주의 오월 이후 41년이 아니라 410년이 지난 이후, 우리가 만들어낸 세상의 가치는 무엇에 놓여 있을까요. 그것이 무엇이든, 그것을 바꾸어갈 기회는 당대의 인간에게 있겠죠. 그것이 살아있는 인간의 역능이자, 사회를 이룬 인간의 권리이니까요.」

13장. 움직이는 자, 빛을 만들다

절반쯤 먹다 만 감자가 소녀의 입에서 굴러 떨어졌다. 함께 늘어져 따라가는 침 자국을 지우며 소녀가 눈을 가늘게 떴다. 할머니의 이동기체가 주간지대 경계에 진입했음을 알리는 신호가 공간 안에 울리고 있었다.

「(위잉-) 흠. 잠들기 직전까지 뭔가 먹으려는 그 의지는 유전에 의한 동일성향인가요? 현재까지 제가 수집한 바로 감자 21회, 더덕 12회, 연뿌리 5….」

「케이. 인간이 그럼 다 먹고 살자고 하는… 관두자, 이걸 그냥 야간지대에 버려두고 올 것을 여기까지 끌고 와, 충전해, 고쳐놨더니….」

문밖으로 내리 앉은 할머니의 대형드론 상단 개폐부가 바닥으로 커다란 주머니가 털썩 던져졌다. 두 번째 주머니까지 던져지고 배낭을 멘 할머니가 기체 옆 홈을 따라 조심스레 내려왔다.

「할머니! 언제 어딜 다녀오신 거야? 말도 없이….」

케이블 박스 더미에서 낡은 구두를 찾아 신던 소녀가 한쪽 신발만 신은 채로 총총 뛰며 말했다.

「케이, 일어났구나. 홀로그램 빛이 이리저리 바뀌는 게 어지러워서 잠시 졸다 깼지 뭐냐. 그런데 이걸 보고 나니 궁금해져서 야간지대를 한번 뒤지고 왔지. 읏-차, 바로 이게 할미가 찾아낸….」

「자, 잠깐만 할머니. 뭐, 뭐가 궁금해졌고 뭘 찾으러 가요? 이 주머니는 또 뭐고?」

안경을 머리 위로 올려놓은 채 커다란 주머니의 끈을 푸는데 열중하던 할머니를 향해 드론 케이가 이동했다.

「케이? 정보 수집은 내가 먼저 해야 해. 그래서 뭘 찾아오셨다는 거야? 어떻게?」

「하, 꽁꽁 싸맸더니 겨우 풀었네. 그러니까 말이다, 케이. 너가 어제 찾아 온 그 물건이 800518, 즉 광주의 오월에 관한 메시지를 영화라는 언어 형태로 기록해놓은 저장체이고 그것과 케이가 반응하도록 설계된 거라면, 아마 그 반응을 유도하는 부품이 내장돼 있을 테지. 케이를 만든 휴머론이라는 업체에선 저장체마다 반응하는 AI드론을 모두 만들기보다 한 드론이 여러 저장체에 반응하도록 만들려고 했을 테고. 그 반응유도체는 아마… 기체 외관에 덧대 강력한 금속으로 마감해놓은 하단에 있겠지? 티타늄가가 당시….」

「아니, 그래서 할머니. 그 반응유도체가 있었다는 거예요? 뭔데. 케이? 어디보자. 너 일루 와봐.」

할머니가 커다란 주머니 위를 선회하는 드론을 붙잡아 손바닥을 기체 하단 밑에 펼쳐보였다. 곧 드론이 한 자리에 정지한 채로 붉고 파란 빛이 점등하며 진동하기 시작했다.

「어? 뭐예요, 할머니? 이건데, 케이가 보였던 이상 반응이?」

할머니가 웃으며 손바닥을 펼쳐 보였다.

「하핫, 그래 바로 이거지. 이 손톱만한 반응유도체는 일종의 전파송수신 장친데, 이게 말하자면 계속해서 소리를 내고 있는 거야. 너나 내가 귀로 들을 수는 없지만 이 송수신기로는 감지할 수 있는 주파를 말이지. 소리의 고유한 떨림이 일치할 때 그 파동은 서로 간섭을 하면서 커지게 되는데 그걸 공명이라고 하지. 이 드론과 유도체, 그리고 이 저장체들 사이에 만들어진 진동 현상 말이야.」

할머니가 두 주먹에 주머니 끝을 쥐고서 우르르, 속에 든 물건들을 쏟아내며 말했다.

「신기하지 않니? 서로 감지할 수 있도록 만든 원리가 같은 성질을 가진 물체 간의 공진이라니. 바로 인간들이 말하지 않아도 서로를 느끼고 모이게 되는 것처럼 말이야.」

주름진 할머니의 얼굴 위로 드론의 붉고 푸른 빛이 교차하는 가운데 할머니가 안경을 콧등 위로 끌어내렸다.

「그러니까… 이 유도체를 확인하고 또 다른 저장체들이 있는지 찾으러 가셨다? 노인분이 잠도 안 주무시고 야간지대에 혼자?」

「그렇지, 케이. 그게 바로 호기심의 힘이지. 이 늙은 몸을 살아서 움직이게 하는….」

쏟아진 물건들에서 시선을 떼지 못하던 소녀가 살며시 고개를 흔드는 듯하더니 곧 할머니 앞으로 다가섰다.

「네에, 그 원동력이 저와 할머니를 매우 피곤하게 하지요. 그치, 케이? 그래서 할머니. 이 많은 것들이 다 유도체에 반응했다는 거예요? 내가 밭을 발견했네, 호기심 밭을. 가만있어, 이게 몇 개야. 하나, 둘, 셋, 넷….」

「이거 보렴, J18940111, J19190301, K19450815, K480403, K600419, K791016, K870610… 아마도 휴머론사는 사회적 기억의 총체를 저장하는 어떤 시스템을 구축하고 그것을 사유화

한 초국적 기업이었을 거야. 사회를 유지하거나 더 나은 것으로 만들어가는 데 반드시 필요한 공공가치를 일종의 문화자본으로 거래하려 했을지 모르지. 과거를 저장하고 스스로 생각하면서 필요하면 서로를 끌어당기는 능력이, 우리 몸 안에 이것처럼 내장되어 있는데도 말이야.」

할머니가 소녀의 작은 손 안에 칩을 건네며 말했다.

「그러니까… 할머니는 이 많은 걸… 이걸 다 영사해보려고 찾아온 거예요? 저거 하나를 다 못 봤는데? 그럼 뭐야, 이건 5·18이고 저건 4.19고 저건 6.10이겠네? 이게 영화언어면 또 그림언어도, 노래언어도, 춤언어도 있을 거 아녜요?」

「그렇지! 바로 그거야. 케이, 생각해봐. 우린 생각할 수 있는 범위 바깥을 생각해야 해. 지구에 또 다른 태양이 있을 수 있다는 걸, 스스로 움직이는 행성이 있을 수 있다는 걸, 어떤 인간도 생각지 못했어. 아니, 그렇게 생각해볼 필요가 없었지. 인간은 모든 걸 패턴으로 규정하고 그 속에서 안정을 찾고 싶었으니까. 유성, 소행성의 지구 충돌을 생각해봐라. 자전과 공전의 주기 밖에 움직이는 태양계 안의 물질이 있다면 그것은 인간에게 두려움의 대상인 거야. 생각할 수 있는 것의 범위 안에 머물러 생각하는 것은… 멈춰 있는 거야. 휴머론사가 만든 이 AI드론처럼. 설계된 대로, 저장된 것에 의해, 오직 눈앞에서 감지할 수 있는 정보에 의해 통계를 거듭할 뿐이지.」

소녀는 무릎께까지 쌓인 원형 통들을 뒤적대다 어느 한 개를 집어 들고는 얼굴 앞에 가까이 두고 앞뒤 옆을 살피고 있었다.

「생각지 않았어. 아니, 상상하지 않았던 거지. 외계의 물질이나 생명체, UFO가 아니라 스스로 움직이는 별이 지구로 다가올 수 있을 거라고는… 스스로 빛과 열을 내지만 항성이 아닌, 한자리에 머물러 있지 않은 별이라니. 케이? 느낄 수 있니? 스스로 움직이는 존재가 얼마나 큰 힘을 갖고 있는 것인지? 움직이는 것은 그 자체로 그만큼의 힘을 나타내지. 의지의 행사 말이야. 반작용이나 반응이 아닌 의지의 행사는 그 움직임을 명령하고 있는 신체의 주인을 증명하지. 자신이 눈앞에 보이는 세계 이상을 상상할 수 있는 존재라는 걸, 그리고 그 상상한 바를 실제의 것으로 구현하며 환경을 변화시킬 수 있는 차원 높은 존재라는 걸 증명하는 거야. 그러니 무섭지 않았

겠니? 세상을 자신의 사유체계 안에 포획했다고 믿고 있었던 인간 앞에 더 이상 제어할 수 없는 거대한 움직임이 포착되었을 때 말이야.」

「네, 그래요. 할머니. 하지만 그 두려움은 항상 반전을 불러일으키잖아요. 움츠러드는 게 당연할 것 같은데 놀랍게도 뭔가를 지키는 힘을 발휘하게 하니까요. 호기심 많은 두 케이가 야간지대 방사능 밭을 또 온몸으로 누비고 다닐까 몸소 홀로드론을 띄우시고….」

의자 위에 한쪽 발을 마저 얹고 신발 끈을 조여 매던 소녀가 손안의 칩을 주머니에 찔러 넣고 일어섰다. 그리고는 낡은 가방 안에 몇 개의 감자와 케이블, 부품 조각들을 대충 집어넣더니 대형드론의 개폐부를 향해 손짓을 했다. 할머니는 허리께까지 오는 자루를 끌고 와 소녀의 배낭 속에 감자를 우르르 쏟아 넣으며 말했다.

「나서자고? 좋지. 움직일 때가 오는 게 아니라 움직이려는 생각이 때를 불러오는 거니까. 스스로 생각하는 법을 잊으면 움직일 수조차 없어. 회전하던 팽이가 결국 쓰러지는 것처럼 스스로 삶을 멈추고 말아.」

이미 구동하기 시작한 케이의 드론을 바라보며 할머니의 안경 속 눈빛이 미소인 듯 아른거렸다.

「하지만 케이. 넌 그렇지 않아. 넌 항상 할미가 생각한 그 이상을 말하지. 후훗. 언제나 예상을 깨는 재미가 있어. 과학과 이론으로 정리되지 않는 녀석, 불확실성 그 자체….」

곧, 분지 위로 함께 이륙한 두 기체가 리미널 존을 지나 야간지대로 향했다. 할머니의 대형드론 뒤로 소녀의 기체가 곡예 비행하듯 회전하더니 선두를 차지했다.

「리미널 존liminal zone 통과. 야간지대에 진입합니다. 대기질 확인, 유의. 질소, 아르곤 밀도 이상. 방사능 수치 확인, 유의. 7.57 μSv/hour. 근거리 생명체 확인, 유기체 다수. 개체 확인 시도. 개체 31. 개체 분석. 확인 불가. 접근 명령 필요. 야간지대 경계 활공 유지합니다.」

야간지대의 스모그 층 저편으로 붉고 푸른 빛들이 점등하는 것이 보였다.

「…접근 명령 필요. 야간지대 경계 활공 유지… 접근 명령 확인, 야간지대 진입을 완료하였습니다. 개체 확인 시도. 개체 31. 개체 분석. 확인 불가. 기체 접근 거리 변경. 목표지점까지 18.64mile.」

두 대의 대형드론이 하강하는 듯 이내 그쪽으로 선회하여 속도를 내기 시작했다. 기체의 투명창 너머로 소녀의 상기된 얼굴이 비쳤다. 진동이 더해가는 조종기판, 제어기를 움켜쥔 작은 주먹 위로 소녀의 혼잣말이 내리 앉았다.

「그래, 케이. 새로운 걸 찾을 시간이야.」

야간지대 스모그 층 너머로 교차하던 불빛이 멈추고 잠시 어두워지다 곧 눈부신 빛이 폭발했다. 빛은 곧 리미널 존의 경계에 이르도록 퍼져나갔다. 그리고 그동안 한 번도 보지 못했던 야간지대의 세상이 소녀의 눈앞에 조감도처럼 펼쳐지기 시작했다. 〈끝〉

*삽화 - 이홍범, 〈펭귄떼〉(2019)

분리된 채로 연결된 존재, 오월의 공생체를 상상하며

태어난 지 한 달 무렵, 서석동에서 총소리를 듣고 어른들 비호 속에 살아남았을 나는 그 세대가 지닌 오월의 감성을 양가적으로 흡수했던 것 같다. 성장하는 내내, 뱅뱅 도는 나침반의 자석처럼 광주를 끌어당기거나 광주를 밀어내며 오월의 자장 가운데 정체성 없이 서성댔다. 나만이 아니라 트라우마에 점철된 광주에 남아 삶을 지속한 어른들의 삶에 영향 받고 사회적 원한과 죄의식을 학습하며 자라온 광주의 오월 2세대가 그러했다.

오월 2세대가 오월에 대해 발화하고 행동하는 무엇인가가 있다면 그것은 1세대와의 관계 속에서 현재와 현실의 정서로부터 출발한 요청과 욕구가 작용하기 때문일 것이다. 한편 이들은 1세대가 경험한 사건 그 자체에 정서적으로 밀착되어 있지만 일원화되어 있지 않아 사건에 대한 객관적 접근과 발화가 가능하기도 하다. 이들에게 오월은 경험 당사자로서 오월 1세대 또는 5월 교육의 주체가 그 경험의 발화나 교육 과정에서 겪게 되는 그것과 분명 다른 형질이기 때문이다. 어쩌면 오월 2세대가 오월에 대한 이접자로서 감성을 지니고 있는 것은, 이들이 이미 문화자본주의의 시장 점유 경쟁 속에서 감내해야 할 충격의 정도를 경신해가며 감정 정화 노동을 생존 과제로 지닌 '피로한 자들'이기도 하기 때문일 것이다.

이들은 수고를 기울인 정서적 안정 상태를 공분과 같은 격정적 기제에 휩싸이도록 내버려두지 않는다. 이들에게 공감과 의분이란 현실의 부당성 여부를 판단하기 위한 일종의 감정적 데이터이며 자신에게 이 데이터를 다량 제공하는 사회적 관계의 대상은 자신의 생존 문제와 공명할 수 있는 자, 생존에 유리한 입지에 발 딛고 살아가도록 도울 수 있는 인적 조건이 된다. 광주의 오월에 대한 서사가 후속 세대 속에서 병치되는 두 측면으로 나뉜다면, 그것은 경험적 사건에서 감성을 얻는 것이 아니라 역으로 현재 자신의 감정적 상태를 기준으로 하여 공감 대상과 경험할 사건 등을 선별해가는 2세대들의 정서적 운용 방식 때문일 수도 있겠다.

오월에 관한 2세대의 정서는 흔히 관찰자의 입장에서 추체험하거나 상상한 경험의 결과로 구성된다. 이들은 광주 오월에 대하여 죄의식이나 죄책감을 거부하기도 하고 두려움이나 혐오감이 아닌 분노감을 표출하기도 한다. 이 같은 새로운 세대의 낯선 변화는 오월 의식의 끝과 시작을 동시에 보여주는 듯하다. 바꿔 말하면 광주의 오월이 광주 안에서 죽어가거나 광주로부터 독립해가고 있음을 보여주는 것 같다는 생각이다. 동시에 이것은 곧 광주의 오월을 광주만이 아닌 한국 사회의 곳곳, 나아가 인간의 삶이 자리한 전지구적 장소에서 만날 수 있게 될 것임을 상상케 한다.

영화 〈26년〉에서 주인공들이 시도하는 직접적 단죄는 역사나 법의 심판이 보여주는 허무함을 조롱하는 처연한 발화이기도 하다. 하지만 실상 오월 2세대, 80년대 이후에 출생하여 2000년대 근처에서 청년기를 보내게 된 밀레니얼 세대들에게는 그 분노감이나 직접적 단죄의 방식이 사회적 윤리의식이나 법에 의탁한 행위보다 더욱 합당하고 실효적인 문제해결 방법인 것으로 인식되었을 수 있다. 치명적 경험의 당사자와 현실 속 운명 공동체로 살아온 이들에게는 자신에게 부재한 경험적 정서보다 그 경험적 정서를 직간접적으로 처리해야만 하는 입장의 부당한 피해의식이 먼저 작동하기 마련이기 때문이다.

이들에게는 곧, 5·18의 죄의식이라는 것이 누구에게 왜 부여되는 것인지 의아할 뿐만 아니라 그 죄의식의 외상이 승계하는 2차 가해로서 소외와 방기에 제어(가령, 학습된 공포감) 없이 분노하는 것이 자연스러울 일이다. 그렇지만 이러한 차이는 오월 1세대와 2세대 이후라는 세대 간극에서뿐만 아니라, 항쟁파 대 수습파 같은 당시 오월의 광주시민들 안에서도, 오월 이후 광주의 의미화 방식에 따른 시민운동의 계열·계파 사이에서도 적용되는 점일 수 있다. 즉, 오월에 접속한 두 세대, 아니 오월에 다종의 형태로 이접해있는 수많은 사람들은 분명 서로 다른 인식과 감성을 지닌 채 분리되어 있는 존재들인 것이다.

하지만 나는 그 분리됨의 상태에서 오히려 공존과 공감의 가능성을 본다. 흔히 2세대 혹은 경험의 이접 범위에 있는 이들, 생존자, 수습파 등은 총을 들고 산화해간 영령들과 항쟁의 정신을 정치적 일선에서 물질적 보상과 기념적 제의로 맞바꾼 오월의 생존자들에 대하여 침묵한다. 이들은 오월의 생존자가 당사자적 주체로서 경험하고 해결하거나 처리해버린 사건에 대해 재심청구권의 기회가 무산된 것처럼 억울하거나 소외된 심정 속에 있을 수도 있다. 하지만 무지에 의한 무관심이 아니라면, 이들의 침묵은 사안의 역사적 무게감과 애도하는 자의 책무감에 의한 최소한의 헌사이다. 함께 싸우지도, 죽지도, 복수하지도 못했다면 적어도 그때 함께 죽었던 자처럼 침묵하겠다는 것이다.

그렇지만 이들의 침묵이 곧 의미의 비어있음을 나타내는 것은 아니다. 이들은 죄의식보다 분노를, 침묵의 고립보다 분노의 연결을 택하는, 그 감성적 변용의 과정 속에 놓여 있는 것이다. 예를 들어 영화 〈김군〉의 작업은 다큐멘터리서사라는 장르를 통해, 역사적 사실을 탐험하는 객관적 관찰자의 시각으로 광주의 오월을 추적하고 재발견하는 일이었다. 즉, 영화를 보는 과정에서 감독을 비롯한 영화 제작의 주체이든 그의 눈길과 발화되는 생각을 따라 하나의 오월을 환기하는 데 이르는 관객들의 경우이든, 이들은 그 관찰 대상인 사건을 직접 경험한 당사자 또는 그 경험적 사실의 영향력에 근접해 있는 이들의 범주 바깥에 자리하고 있으면서 범주 안으로 이동하는 여정을 함께 하고 있었다. 말하자면 나누어진 이들 사이에서 탐사와 발견의 과정, 그 접근과 접합의 상호작용이 오월의 영화를 매개로 이루어지고 있었던 것이다.

이러한 경험은 다시, 무언가 공감하는 과정은 서로 분리되어 있는 이들 사이에 일어나는 것임을, 공감은 서로 분리되어 있음을 온전히 인정한 채로 한 장소에서 만나는 이들 사이에서 시작되는 것임을 전달하는 듯하다. 공감을 위해 먼저 분리되는 것, 뒤엉킴을 풀고 서로를 바라보는 것. 오월의 텍스트를 매개로 한국 사회 속 우리가 접속하기 위해서는 먼저 이처럼, 접속하려는 대상과 서로 분리된 존재임을 인정한 후에 거리를 감안한 접근과 응시의 과정이 이어져야 한다. 서로를 바라볼 수 있는 거리 사이에서 공감과 공론이 교차해갈 때 공유 가능한 사실적 맥락을 재현하는 일도, 경계를 넘어 장소의 서사를 새로이 만들어가는 일도, 오월 이후의 세대가 오월 광주를 삶 교육의 학교로 삼는 일도 가능해질 것이라 여긴다.

오월을 말한 한국 영화들

(개봉 연도 및 제목 가나다 순)

〈칸트씨의 발표회〉(1987)

〈황무지〉(1988)

〈오 꿈의 나라〉(1989)

〈부활의 노래〉(1990)

〈꽃잎〉(1996)

〈박하사탕〉(2000)

〈스카우트〉(2007)

〈오래된 정원〉(2007)

〈화려한 휴가〉(2007)

〈순지〉(2009)

〈오월愛〉(2011)

〈26년〉(2012)

〈국광교회〉(2017)

〈외롭고 높고 쓸쓸한〉(2017)

〈택시 운전사〉(2017)

〈포크레인〉(2017)

〈봄날〉(2018)

〈임을 위한 행진곡〉(2018)

〈5·18 힌츠페터 스토리〉(2018)

〈김군〉(2019)

〈반성〉(2019)

〈낙화잔향〉(2020)

〈아들의 이름으로〉(2021)

〈좋은 빛, 좋은 공기〉(2021)

이외 〈레드브릭〉(1998), 〈오월상생〉(2007), 〈광주항쟁의 유산〉(2010), 〈꽃피는 철길〉(2013), 〈미쓰 리의 전쟁, 더 배틀 오브 광주〉(2015), 〈옥상자국〉(2015), 〈광주비디오: 사라진 4시간〉(2020), 〈오월의 만다라〉(2021) 등 비상업적·실험적으로 제작된 독립영화, 극영화, 다큐멘터리, 드라마, 애니메이션 다수